AF244430

COMTE MARC LE BÈGUE DE GERMINY

FRÉDÉRIC-AUGUSTE

DEVANT NAPOLÉON

D'APRÈS DES DOCUMENTS INÉDITS

(Extrait de la *Revue des questions historiques.* — 1905)

PARIS

AUX BUREAUX DE LA REVUE

5, RUE SAINT-SIMON, 5

1905

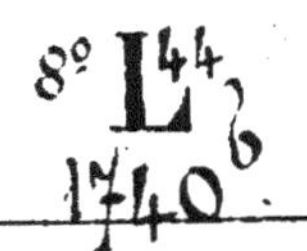

COMTE MARC LE BÈGUE DE GERMINY

FRÉDÉRIC-AUGUSTE

DEVANT NAPOLÉON

D'APRÈS DES DOCUMENTS INÉDITS

(Extrait de la *Revue des questions historiques.* — 1905)

PARIS

AUX BUREAUX DE LA REVUE

5, RUE SAINT-SIMON, 5

1905

FRÉDÉRIC-AUGUSTE DEVANT NAPOLÉON

D'APRÈS DES DOCUMENTS INÉDITS

Sur Napoléon et sa fulgurante épopée, les livres abondent. Et cependant, en dépit de publications innombrables, il manque, semble-t-il, certains chapitres à l'histoire impériale, ou, du moins, plusieurs pages nous en apparaissent-elles incomplètes. En particulier, pour ce qui concerne la Confédération du Rhin, dont la courte histoire est si intimement liée à celle du grand Empereur, nous sommes, en France, d'une invraisemblable pauvreté de documents. L'ombre géante de l'omnipotent « Protecteur » voile à jamais les insignifiantes figures des rois de Bavière et de Wurtemberg, aussi effacées que celles des minuscules souverains de Lippe, de Lubeck, de Reuss ou de Schwarzbourg. Estompés seulement, les traits du roi de Saxe, Frédéric-Auguste, qui, pour payer sa couronne, gravitera pendant sept ans dans l'orbite du soleil impérial.

Que, dans toutes les circonstances et à toutes les époques de sa vie, Frédéric-Auguste Ier ait montré une ferme résolution de rendre son peuple heureux; qu'envisagé au point de vue de ses rapports de souverain à sujet, ce simple électeur de Saxe, devenu roi par la volonté de Napoléon, ait mérité de ses compatriotes le beau nom de « juste, » c'est un fait généralement admis. Mais n'importerait-il pas à notre histoire de suivre le monarque saxon dans son rôle d'*allié de la France*, et spécialement d'examiner comme il convient son attitude à l'égard des armes impériales, au cours de l'année 1813 ?.... En un mot, durant cette époque fertile en événements qui commence par Iéna pour finir à Leipzig, Frédéric-Auguste se montra-t-il constamment notre allié fidèle et loyal ?

Mais, à notre sens, cette étude ne serait pas complète, si nous la terminions brusquement à cette date inoubliable du 18 octobre 1813. La coalition est dissoute; victorieux, les coalisés foulent à leur tour les terres françaises et triomphent enfin. Quel langage tiendra alors Frédéric-Auguste ? A quelles démarches va-t-il se livrer près des souverains de l'Europe ?.... L'examen de plusieurs documents, privés pour la plupart, pourra nous guider pour apprécier impartialement l'attitude de Frédéric-Auguste devant Napoléon [1].

I.

Une grande partie de ses troupes faites prisonnières à Ulm, l'autre anéantie dans les plaines glacées de la Moravie, François II humilié, sans royaume comme sans armée, venait d'implorer la pitié du vainqueur et d'en subir les dures conditions. Le vieil empire créé par Charlemagne, ce colossal édifice qui, pendant dix siècles, avait résisté à de multiples atteintes, faisait entendre maintenant des craquements précurseurs et semblait chanceler sur sa base. Le triomphe d'Austerlitz effaçait le désastre de Trafalgar et, frappé au cœur, l'adversaire implacable de Napoléon, Pitt, succombait à sa haine et descendait dans la tombe. Au milieu des changements nombreux apportés dans l'équilibre européen par le traité de Presbourg, une ère nouvelle se levait pour un pays qui, depuis quelque cinquante ans, avait fait peu parler de lui. Heureux les peuples qui n'ont pas d'histoire ! La Saxe allait expérimenter à ses dépens la justesse de ce dicton.

Si la Saxe avait occupé autrefois le premier rang dans l'empire germanique, son rôle actif avait brusquement cessé un demi-siècle auparavant. Tout au début de la guerre de Sept ans, Auguste III avait vu perpétrer dans son électorat la plus abominable violation du droit des gens. Le roi de Prusse avait brutalement envahi le pays, pillé les caisses publiques et incorporé de force les effectifs saxons sous le drapeau des Hohenzollern. Les successeurs d'Auguste III avaient eu à cœur le relèvement

---

[1] Loin de nous la pensée de faire fi des documents officiels ! Mais nous estimons que l'étude seule des documents de cette sorte ne suffit pas toujours à se former une idée juste de certains détails de l'histoire. A notre sens, des rapports émanant d'hommes politiques en fonctions manquent souvent d'indépendance.

de la Saxe, et dès qu'il eut saisi les rênes du gouvernement, le
15 septembre 1768, Frédéric-Auguste, prince de mœurs simples
et de sentiments humanitaires, s'était appliqué à tenir soigneu-
sement son électorat en dehors des agitations extérieures, et à
y continuer paisiblement son œuvre de régénération. Même, durant les événements qui, depuis 1792, bouleversaient l'Europe
entière, à peine avait-il été question de la Saxe. Imbu de traditions, l'électeur Frédéric-Auguste avait la Révolution française en
horreur; mais, pour éviter la guerre, il était disposé à toutes les
concessions; aussi le système de ce prince timide n'avait-il, jusque-là, tendu qu'à s'effacer et se faire oublier. Forcé, comme
membre de l'Empire, de fournir un contingent contre les armées
de la République, ses troupes avaient honorablement contribué
au siège de Mayence. C'était peut-être là la seule participation
effective de l'électeur de Saxe à la conflagration générale. Après
le succès de Wetzlar, il s'était empressé de signer, le 27 juillet
1796, un armistice avec Jourdan, puis, le 30 novembre de la
même année, un traité de neutralité. En dépit de ses préférences personnelles et des cruelles mortifications que les victoires
répétées de Bonaparte infligeaient à l'âme allemande de Frédéric-Auguste, cette neutralité devait durer dix ans.

Grâce à l'excellence de son administration, le prince-électeur
était du reste adoré des Saxons, et il pouvait commander aux
sentim...s populaires. Aussi bien, l'effacement de la Saxe était-il
singulièrement favorisé par la politique prussienne à laquelle,
par habitude comme par intérêt, et bien plus encore par crainte,
s'inféodait de plus en plus Frédéric-Auguste. Son enfance avait
été bercée par le récit des monstrueux abus de la force commis
en Saxe par Frédéric II après la capitulation de Pirna. Aujour-
d'hui, presque sexagénaire, l'électeur se souvenait.... Oh ! non
qu'il méditât de venger un jour les insultes faites à la Saxe
par Hohenzollern ! Frédéric-Auguste était doué d'un esprit trop
calme et trop pondéré pour s'illusionner au point de rêver une
revanche impossible. Toutes ses sympathies allaient aux Habsbourg, auxquels le rattachaient des liens de famille et de reli-
gion. Pour l'électeur, le monarque qui régnait à Vienne incarnait
le Saint-Empire et ses dix siècles de puissance. Mais le chef de
la Confédération germanique s'inquiétait-il des affronts particuliers endurés par la Saxe ? Rien n'était moins sûr que l'appui de

l'égoïste Autriche, amoindrie du reste sous les coups du grand Frédéric. Et seule contre la Prusse, que pouvait la Saxe ?.... Au risque de laisser appeler l'électorat une province prussienne, autant valait-il donc se résoudre à subir la tutelle de Berlin.

Depuis longtemps le roi de Prusse, affectant une admiration sans bornes pour le génie de Bonaparte, s'était retiré de la coalition ; mais les exigences et les empiètements successifs du conquérant allaient modifier radicalement l'attitude du cabinet de Berlin et entraîner la Prusse au premier rang de nos ennemis. L'assassinat froidement prémédité du duc d'Enghien a déjà tendu les relations de Frédéric-Guillaume avec le gouvernement français, quand viennent les remaniements territoriaux en Allemagne. La Prusse signe, le 3 novembre 1805, un traité secret d'alliance avec la Russie. Austerlitz retarde l'évolution définitive du monarque prussien, mais, peu après, les violations de territoire, l'institution des conseils de guerre, la question du Hanovre, et surtout la création de la Confédération du Rhin, nouveau coup porté à la féodale constitution germanique, mettent en effervescence tous les pays de race allemande, et le roi Frédéric-Guillaume, obéissant aux vœux nationaux, va épouser avec enthousiasme le système belliqueux de la coalition.

La connaissance qu'on a des sentiments intimes de l'électeur de Saxe permet d'affirmer qu'il dut être frappé de stupeur par le meurtre du dernier rejeton des Condés, bien qu'il y restât en apparence indifférent. Lors du recez, il proteste faiblement, « pour la forme [1], » contre l'incorporation d'Erfurt à l'empire français. L'invasion du Hanovre l'attriste, mais il obéit aux injonctions de Napoléon. C'est l'inertie systématique, l'effacement voulu. Et cette longue immobilité d'un peuple va cependant avoir une fin. Entre le royaume voisin de Prusse, dont il est pour ainsi dire le vassal, et le puissant empire d'outre-Rhin, il faudra que l'Électeur choisisse. Pauvre prince ! quel parti prendre ? ou plutôt, quelle détermination subir ?... Pour la Saxe, l'heure des vicissitudes a sonné. Plus de neutralité, officielle ou non. Jetée dans les équipées guerrières, entraînée dans la mêlée, vers quel avenir court-elle, guidée au hasard des aventures par un prince créé pour la paix, prince excellent, mais que

---

[1] Senfft de Pilsach à Talleyrand. *Archives particulières de l'auteur.*

son caractère irrésolu et ses sentiments d'un autre âge font si dissemblable de ce moderne César qui fait et défait les rois et ose porter à la face du monde une main sacrilège sur l'antique constitution de l'Allemagne ?

Il serait trop long d'énumérer ici les démarches et les influences respectivement mises en jeu par les cabinets de Berlin et de Paris, pour diriger le choix de Frédéric-Auguste. Nous l'avons dit ; depuis plus de quarante ans, le gouvernement saxon obéissait en fait à la Prusse. Mais, si Napoléon, tout auréolé de ses victoires, eût voulu parler en maître à l'humble Saxe, qui eût osé protester ? Eût-on même été étonné de l'entendre dicter sa conduite à l'Électeur ?.... Aussi, ce sur quoi une plume française doit insister, c'est la longanimité déployée par le souverain français dans ces circonstances si menaçantes pour le repos de la Saxe. Trop souvent, au cours de son étonnante carrière, l'invincible capitaine avait montré ses exigences ; il devait dans l'avenir dépasser si fréquemment la mesure, qu'il faut d'autant plus lui tenir compte de sa conduite loyale et généreuse envers un prince qui, sans doute, va se dresser devant lui en ennemi.

La correspondance de Talleyrand avec Durant de Mareuil [1], ainsi qu'avec Senfft de Pilsach [2], témoigne en effet de la modération de Napoléon [3]. Si, en dehors des rapports officiels, on consulte des documents particuliers, par exemple le récit laissé par le lieutenant général de Gersdorf [4] de la période précédant immédiatement la foudroyante campagne de 1806, on y entendra Marcolini [5] disant à Gersdorf dans le courant de septembre de cette année : « Il (Napoléon) ne nous a pas encore mis en demeure de nous prononcer. » Et son interlocuteur de répondre : « Oui, il nous laisse libres. Que la Providence décide [6] ! »

A défaut de Providence, le prince de Hohenlohe apparaissait à cette heure à Dresde et notifiait péremptoirement à Frédéric-

---

[1] Ministre de France à Dresde.

[2] Ministre de Saxe à Paris. Devint premier ministre de Frédéric-Auguste.

[3] Voir aux archives du ministère des affaires étrangères.

[4] Lieutenant général de cavalerie. Aide de camp général de Frédéric-Auguste. Chef d'état-major général de l'armée saxonne en 1813.

[5] Comte Marcolini. Gentilhomme italien résidant à la cour de Frédéric-Auguste, dont il fut l'ami le plus intime.

[6] Notes du lieutenant général de Gersdorf. *Souvenirs inédits du chevalier de Cussy.*

Auguste l'arrivée prochaine des troupes prussiennes. C'était mettre l'Electeur dans la terrible situation où s'était trouvé, cinquante ans auparavant, son aïeul Auguste III. Réduit à cette cruelle alternative: de résister fièrement, pour l'honneur saxon, puis de succomber, en livrant à une ruine certaine son pays, à la restauration duquel il avait consacré tant d'années; ou d'acquiescer aux cyniques injonctions de la Prusse, en épousant les chances de sa querelle sur l'issue de laquelle il n'avait cependant aucun doute [1], Frédéric-Auguste, la mort dans l'âme, cédait enfin aux intrigues de Berlin, et le généralissime saxon, le lieutenant-général de Zeschwitz, recevait l'ordre de conformer les mouvements de son armée à ceux des généraux prussiens. Muni de ses passeports, notre ministre quittait alors la capitale de la Saxe.

Durant de Mareuil était, quand il le voulait, un diplomate sagace et avisé, mais c'était aussi un insupportable vaniteux. Nommé au poste de Dresde sous le Consulat, gouvernement qui n'avait pas prévu pour ses chargés d'affaires la dénomination d' « Excellence », Durant de Mareuil s'était montré froissé de ce que, en conformité de la rigide étiquette de la cour saxonne, le représentant de la France, dénué de ce titre d' « Excellence, » marchait, dans les réceptions du palais électoral, après les ministres des États monarchiques. Pendant de longs mois, il avait accablé Talleyrand de rapports puérils et de pressantes réclamations à ce sujet, faisant constater une fois de plus l'envie immodérée des vains honneurs et l'étrange amour des titres plus ou moins surannés, que ne manquent jamais de faire éclore les régimes soi-disant égalitaires et démocratiques. Durant de Mareuil avait toujours gardé rancune à Frédéric-Auguste de ses déboires de préséance. Autant d'affronts sanglants. Aujourd'hui qu'il partait, enfin pourvu du titre tant convoité, il eut la faiblesse déplorable de céder à un mouvement de colère tout à fait indigne du caractère dont il était revêtu. « Votre maître, dit-il au lieutenant général de Gersdorf, est un valet prussien. Un seul de nos bataillons lui fera voir bientôt qui, d'un Russe, d'un

---

[1] « Le roi (Frédéric-Auguste) était un admirateur du génie militaire de Napoléon. Quand les troupes prussiennes défilèrent en Saxe, il me dit plusieurs fois : *Napoléon n'en fera qu'une bouchée.* » Notes du lieutenant général de Gersdorf. *Souvenirs inédits du chevalier de Cussy.*

Autrichien, d'un Prussien ou d'un Français, doit passer le premier. » Justement indigné dans son loyalisme, Gersdorf sut répondre comme il convenait aux étranges propos de Durant de Mareuil. « Eh ! Monsieur, s'écria-t-il, toute votre armée réussira-t-elle à nous faire proclamer la supériorité des vertus de Votre Excellence sur l'*excellence* des vertus de mon maître !?.... » De la part d'un Saxon s'adressant à un Français, ce jeu de mots de notre langue n'était pas déjà si mal [2].

II.

C'est dans les derniers jours de septembre que Napoléon, étant à Mayence, avait reçu l'ultimatum du cabinet prussien : retrait immédiat des troupes françaises de l'autre côté du Rhin, promesse formelle de ne susciter aucun obstacle à la formation de la Confédération du Nord. Une réponse catégorique était demandée, hautainement *exigée* pour le 8 octobre. A la tête du parti de la guerre, on remarquait la belle et jeune reine Louise de Prusse. Elle avait su communiquer à son époux son exaltation belliqueuse. Mais cela suffit-il pour expliquer l'aberration de Frédéric-Guillaume, jusqu'ici monarque prudent et réfléchi ? Ou bien, le prestige du grand Frédéric abusait-il à ce point son petit-fils, qu'il eût la folie d'imposer ses conditions à l'invincible capitaine qui, dans une récente campagne, venait de conquérir, en se jouant, un empire défendu par 300,000 baïonnettes ?.... Cruel allait être, pour le monarque prussien, le retour à la réalité !

Napoléon en personne passait le Rhin, le 1er octobre. Le 8, date fixée par Frédéric-Guillaume pour la réponse à son ultimatum, l'armée française franchissait la Saale et remportait à Schleist

[1] *Ibidem.*

[2] La question des préséances devait jouer un grand rôle dans la vie de M. Durant de Mareuil.
A Erfurt, il eut des démêlés pour le même objet avec deux ambassadeurs. Étant ministre de France à Naples, il eut, à l'occasion des visites officielles du premier de l'an, un duel retentissant avec son collègue de Russie, le prince Dolgorouki. Cette rencontre sensationnelle eut lieu à Pouzzoles, le 2 janvier 1812. Les ambassadeurs n'étaient assistés chacun que d'un seul témoin : M. de Benkendorf pour le prince Dolgorouki, le général Exelmans pour Durant de Mareuil. Les témoins ayant décidé de se battre en même temps que les personnages qu'ils assistaient, les quatre épées furent en même temps tirées du fourreau. Par un hasard singulier, les quatre combattants furent blessés. *Souvenirs inédits du chevalier de Cussy.*

une première victoire. Le lendemain, nouveau succès à Géra, où tombait le prince Louis de Prusse, pendant que Frédéric-Guillaume lançait un manifeste à l'Europe. Moins de cinq jours après, Napoléon écrivait à Iéna et Auerstœdt une note de sa façon.... En cette journée doublement désastreuse, disparaissait le prestige du grand Frédéric, tout ce renom militaire dont les Prussiens étaient si fiers. N'ayant pu se faire tuer à Auerstœdt, Frédéric-Guillaume, en proie à un sombre désespoir, voyant consommer la ruine de son pays, abandonnait sa capitale au vainqueur, et se retirait en hâte sur l'Oder avec les débris de son armée. A Prenslow, Hohenlohe se rendait bientôt prisonnier, et Blücher capitulait aussi à Ratzkau. Des 250,000 soldats prussiens qu'allait-il rester?

Au milieu des événements qui se précipitaient, décidant des destinées de la Prusse, que devenait le sage Frédéric-Auguste, entraîné de force dans une lutte qu'il désapprouvait? Aussi malheureux que le monarque prussien, l'Électeur songeait avec amertume aux déplorables conséquences de cette guerre fatale. Quelques semaines avaient-elles donc suffi pour effacer quarante années de prospérité?.... A Iéna, ses troupes s'étaient comportées avec une valeur qui avait fait l'admiration des généraux français, et même celle de Napoléon [1]. Honorable, mais insuffisante consolation !.... Victorieuse, la Grande Armée inondait la Saxe. De l'insatiable conquérant qui dictait ses lois aux plus puissants monarques, que n'avait-il pas à redouter, lui si petit?.... Ce fut précisément cette médiocrité qui le sauva. Contre toute attente, le vainqueur lui tendait en effet une main secourable.

Avant la campagne, Napoléon, nous l'avons vu, avait mis une certaine coquetterie à laisser la Saxe libre de sa conduite, sans souci de toute influence française. D'un monarque qui, selon la juste expression d'un illustre écrivain, « faisait la politique avec ses passions [2], » cette attitude magnanime avait lieu de surprendre. D'autant plus qu'aucune affection réciproque ne semblait porter l'un vers l'autre le conquérant français et l'Électeur

---

[1] Lorsque Gersdorf, aide de camp de l'Électeur, fut présenté à Napoléon, peu de temps après Iéna, les premiers mots de l'empereur furent ceux-ci : « Etiez-vous à la Sennecke (position défendue à Iéna par les brigades saxonnes)? Vos soldats sont des braves. » *Idem.*

[2] Thiers, *Histoire du Consulat et de l'Empire.*

allemand. Fière du passé d'un Empire dont elle avait été l'âme, à la gloire duquel elle avait largement contribué, la Saxe avait dû tressaillir de douleur et d'indignation, lors du renversement sacrilège d'une institution dix fois séculaire. Quant à Frédéric-Auguste, lui si attaché aux choses de l'ancien régime, lui parent et allié des Bourbons proscrits, s'il admirait dans le grand capitaine le génie de la guerre, il constatait avec inquiétude ses empiétements successifs, et n'éprouvait que de la répulsion pour la politique absorbante du souverain sorti de cette Révolution, dont il redoutait une influence néfaste pour son peuple. Malgré que l'Électeur n'eût point à se louer de François Ier [1], nul plus que lui n'avait été sensible à la suppression de la charge de chef du Saint-Empire, dignité héréditaire dans la maison des Habsbourg. Mais, si la sympathie apparaissait de prime abord difficile, sinon impossible, entre Napoléon et Frédéric-Auguste, l'intérêt ne commandait-il pas au premier de se ménager l'appui de la Saxe? Pour Napoléon, la Confédération qu'il avait édifiée sur les débris de la constitution germanique n'était pas viable sans l'adhésion de l'électorat. De même que l'alliance avec le Wurtemberg et la Bavière le mettait à portée de Vienne, le libre passage à travers la campagne saxonne le rapprocherait singulièrement d'une Pologne opprimée, attendant, frémissante, la venue des aigles libératrices. Peut-être l'incorporation du contingent saxon dans les armées napoléoniennes n'était-elle pas non plus à dédaigner?

En dehors de ces avantages directs et, pour ainsi dire, palpables, Napoléon escomptait aussi le puissant effet moral que ne manquerait pas de produire sur les peuples allemands l'accession à son système de Frédéric-Auguste, ce souverain si profondément imbu des traditions germaniques. Cependant, en dépit des nombreux motifs qui lui faisaient désirer ardemment l'alliance de l'Électeur, l'empereur des Français n'avait point contrecarré les sentiments saxons; il avait évité toute pression et stupéfié, dans ces circonstances, ses ennemis eux-mêmes [2]!

---

[1] A la suite de l'établissement de la Confédération du Rhin (12 juillet 1806), François II avait renoncé à la dignité d'empereur d'Allemagne et avait pris le nom de François Ier, comme empereur d'Autriche.

[2] Le comte de Modène, émigré français, servant en qualité d'aide de camp près du grand-duc Nicolas (devenu plus tard empereur de Russie), aimait

Aujourd'hui, de nouveau vainqueur, Napoléon n'allait-il pas se
targuer de la raison du plus fort? Il avait humilié l'Autriche,
achevait l'écrasement de la Prusse, et annonçait qu'il allait durement châtier l'Électeur de Hesse-Cassel pour sa conduite
équivoque. Or, voici que le triomphateur d'Austerlitz et d'Iéna,
s'adressant à Frédéric-Auguste, ennemi vaincu, lui manifestait,
au lieu de courroux, une clémence inusitée, lui faisait tenir d'a-
micales propositions ! Et la bonne parole était portée à l'Électeur malheureux, non par le dédale compliqué des chancelleries,
mais directement, par ses propres sujets !....

Au lendemain d'Iéna, Napoléon avait harangué les officiers
saxons prisonniers. Il leur avait tenu des propos inattendus,
s'extasiant sur une valeur en considération de laquelle il leur
rendait la liberté. Puis, dans de nouveaux entretiens avec les
principaux officiers de Frédéric-Auguste, il avait rappelé les affronts dont, depuis moins de cinquante années, les monarques
prussiens avaient abreuvé leur pays, et s'était apitoyé sur les
injustes vicissitudes de l'Électeur, contre lequel, non seulement
il n'éprouvait aucun ressentiment, mais dont, au contraire, il
lui serait agréable de gagner l'amitié. Il avait flatté leur amour-
propre national en montrant le rôle enviable dévolu à la Saxe.
Qui sait si, un jour prochain, leur pays ne devait point prendre
la place d'une Prusse détestée, abaissée désormais ?.... Ces
adroites paroles avaient trouvé le cœur des officiers saxons,
déjà bien disposés à l'égard d'un grand capitaine dont la gloire
éclipsait celle de Frédéric II. Les préceptes surannés du monarque tant vanté venaient de conduire l'armée prussienne à sa
perte. Ce n'était pas pour déplaire aux officiers de l'Électeur, et
les jeunes, comme les Funck, les Gablenz, les Gersdorf et les
Thielman, débordaient d'enthousiasme, et brûlaient d'appren-
dre la guerre moderne à la suite de l'invincible conquérant.

De plus, les populations avaient fort souffert des brutales ré-
quisitions du Prussien Hohenlohe. Aussi, quand, abîmé dans le
chagrin de la défaite et la crainte de la colère napoléonienne,
l'Électeur vit arriver dans cette capitale qu'il s'apprêtait à fuir
ses officiers exaltant la générosité du vainqueur, il se décida,

à rappeler le propos entendu à cette époque à la cour de Saint-Pétersbourg :
« On a changé Buonaparte. C'est un agneau ! » *Souvenirs inédits du chevalier
de Cussy.*

malgré son caractère timoré et irrésolu, à orienter sa politique dans un sens nouveau. En acceptant les avances de Napoléon, l'Électeur croyait sincèrement se conformer aux sentiments de la presque unanimité des Saxons. Il sentait qu'il ne devait plus écouter les conseils perfides des Loss et des Einsiedel, ces partisans d'une politique prussienne à outrance; et, le 11 décembre, à Posen, il accédait à la Confédération du Rhin, et signait avec Talleyrand un traité d'alliance. Entrer en arrangement avec un ennemi n'eût été pour la Saxe qu'un simple incident, qu'un fait banal dans la vie d'un peuple; mais voir ce pays, essence même de l'Allemagne, le légendaire et ferme pilier de l'antique constitution germanique, sceller sa réconciliation avec la France de Napoléon par une union intime, c'était plus qu'une évolution ordinaire, c'était une rupture avec son passé, un tournant de son histoire. Quelques années plus tard, les puissances coalisées devaient cruellement punir l'Électeur de ce qu'elles appelèrent une trahison.

Ainsi le « Protecteur » de la Confédération rhénane venait de voir l'Électeur de Saxe entrer dans son système, sans violence, sans pression de sa part. Sa conduite sage et clémente portait ses fruits. Napoléon remportait là une de ses plus belles victoires[1].

III.

Le rameau d'olivier que Frédéric-Auguste s'était décidé à saisir était, il faut le dire, entouré de quelques épines. Comme les Électeurs de Bavière et de Wurtemberg, lui aussi était fait roi, de par la volonté de Napoléon. Cette dignité, qui semblait devoir ajouter à son autorité de souverain, eût pu flatter tout autre que Frédéric-Auguste. Prince dénué d'ambition personnelle, il trouvait amer de payer son nouveau titre par l'occupation étrangère de son pays, vingt-cinq millions d'indemnité et le concours immédiat d'au moins six mille soldats. Encore, s'il n'eût pas

[1] En apprenant la mort de Napoléon, le marquis de Bonnay (confident de Louis XVIII. Pair de France sous la Restauration. Précéda Chateaubriand à l'ambassade de Berlin) me dit : « Quel génie de la guerre que cet homme ! Mais quelles erreurs en politique !.... L'Espagne ! La Pologne ! La Russie !.... Cependant, il est juste de l'admirer dans sa conduite vis-à-vis de la Saxe du premier jour. » *Souvenirs inédits du chevalier de Cussy.*

été brusqué pour l'exécution de ces engagements ! Mais le représentant que Talleyrand venait de désigner pour la Saxe ne connaissait pas la modération. M. de Moustier était un de ces trop nombreux agents du gouvernement impérial qui croyaient flatter le maître en dépassant la mesure.

Nommé à la légation de Dresde, où il avait été déjà attaché en qualité de secrétaire, le nouveau ministre de Napoléon s'était fait connaître jusqu'ici par son ambition, son zèle, et aussi par une morgue et une humeur cassante qu'il apportait même dans ses rapports de famille [1]. Si Talleyrand pensait être agréable à Frédéric-Auguste et lui faire oublier le légendaire Durant de Mareuil en accréditant à sa cour un représentant de la vieille aristocratie française, il comptait aussi sur le dévouement de M. de Moustier aux instructions impériales. Le prince de Bénévent, si perspicace d'ordinaire, s'était cette fois abusé sur la valeur pratique de son agent. Non pas que notre chargé d'affaires manquât de qualités professionnelles. Mais on eût dit que M. de Moustier n'appliquait ses capacités qu'à mécontenter nos nouveaux amis. Se rappelant la colère qu'avait montrée l'Empereur quelques mois auparavant, lors des agissements du royaliste français d'Antraigues, Moustier pourchassait odieusement tous les émigrés, même ceux qui vivaient dans l'entourage du roi de Saxe. Aucune considération ne le retenait. On le vit faire brutalement sortir du nouveau royaume son propre père, ce vénérable marquis de Moustier qui avait brillamment occupé le dernier poste d'ambassadeur du malheureux Louis XVI à la cour de Berlin [2]. Soutenu dans son zèle intempestif par le comte de Bose [3], un fanatique admirateur de Napoléon, notre chargé d'affaires, sans prendre en considération les maux de la récente guerre, pressait le Trésor de verser les millions demandés par son maître, accusait l'administration saxonne de sympathies prussien-

---

[1] M. de Moustier avait épousé la fille de M. de Laforest, ancien ministre de France à Berlin. Sa belle-mère, lui proposant de regarder sa maison comme la sienne propre et d'y amener ses amis, en reçut cette réponse impertinente : « Madame, mes amis sont d'une catégorie de gens à ne pas aller ainsi *chez tout le monde.* — Eh quoi ! Monsieur, avec de pareils sentiments, comment se fait-il que vous ayez recherché la main de ma fille ? — Madame, en épousant Mlle de Laforest, je lui ai donné le baptême d'un autre nom. » — *Souvenirs inédits du chevalier de Cussy.*

[2] *Souvenirs inédits du chevalier de Cussy.*

[3] Successeur du comte de Loss aux fonctions de premier ministre de Saxe.

nes, se plaignait de ce que la population ne témoignât point un enthousiasme délirant pour la France, et ne criât point plus fréquemment : *Vive l'Empereur* ! [1] Il déclarait ouvertement que Frédéric-Auguste ne mériterait pas les bénéfices de la nouvelle alliance tant que les troupes saxonnes ne contribueraient pas effectivement à l'écrasement définitif de la Prusse [2].

Les bataillons saxons avaient déjà rejoint le maréchal Lefebvre sous les murs de Dantzig ; d'autres étaient partis à destination de l'armée de Jérôme en Silésie. Frédéric-Auguste avait reçu avec reconnaissance les bienfaits d'un vainqueur généreux, mais son âme loyale répugnait au spectacle de ses propres troupes se tournant contre son allié de la veille [3]. Le pacifique monarque éprouvait de terribles soucis. Pour le bonheur de son peuple, il avait toujours ardemment souhaité la paix ; or, ses troupes combattaient les armées russes et prussiennes. Il s'était sincèrement réconcilié avec nous ; et cependant, avec l'inconsidéré Mousticr, n'était-ce point encore la guerre à coups d'épingle ?.... Celle-ci ne devait se terminer qu'avec le changement du ministre de France.

Le secrétaire d'État et confident de Napoléon, Maret, venait de faire preuve d'un jugement plus sûr que celui de Talleyrand, en trouvant l'homme qu'il fallait pour le poste si important de Dresde. M. de Bourgoing arrivait en Saxe, précédé d'une réputation justifiée de sagacité et d'affabilité. Appartenant à la société de l'ancien régime, notre nouveau ministre avait commencé sous Choiseul sa longue carrière de diplomate. La Révolution l'avait rendu inactif pendant plusieurs années ; il avait repris du service sous le Consulat, puis, victime d'une intrigue, il s'était vu, en 1803, rejeté brutalement dans la retraite. En vain Talleyrand et Maret étaient-ils intervenus en sa faveur, de même que plus tard l'impératrice Joséphine. Le maître avait la rancune

[1] *Souvenirs inédits du chevalier de Cussy.*
[2] *Idem.*
[3] « Le résultat malheureux de la bataille d'Iéna laissa la Saxe dégarnie de troupes, sans appui, à la merci du vainqueur. Pour obtenir la réintégration dans la possession de ses États, le roi dut souscrire à la Confédération prescrite par le vainqueur et fournir un contingent pour la guerre d'alors, quelques efforts que fît son ministre pour décliner cette dernière obligation qui répugnait à la délicatesse de Sa Majesté. » *Exposé de la marche politique du roi de Saxe.*

tenace, et Bourgoing n'était rentré en grâce qu'à la fin de 1806, quelques jours après le combat de Golymin où s'était particulièrement distingué son fils aîné [1]. Chez ce vieux diplomate, la bienveillance n'excluait pas la fermeté, et son tact parfait et le charme de ses manières, s'ajoutant à son expérience consommée, venaient au secours de l'accomplissement de devoirs parfois pénibles. Les sympathies de Frédéric-Auguste devaient aller de suite à notre nouveau ministre, son contemporain, qui unissait le passé au régime impérial, et dont l'exquise distinction faisait oublier, pour le plus grand bien de tous, les ridicules de Durant de Mareuil et de Moustier.

Bourgoing arrivait dans un moment où son savoir-faire allait être apprécié. Les troupes saxonnes envoyées de Goërlitz au secours de Jérôme, qui guerroyait en Silésie, avec les contingents bavarois et wurtembergeois, venaient, sans combattre, de déposer les armes devant les Prussiens. A la honte de ce fait se joignait la cruelle obligation de remplacer sur l'heure ces peu glorieux bataillons. Si Moustier eût été encore notre représentant à Dresde, nul doute qu'il ne se fût laissé aller à prononcer des paroles insultantes pour Frédéric-Auguste et ses sujets, déjà mortifiés par cette défaillance. Son successeur savait, au contraire, approprier ses discours aux circonstances, et Bourgoing manœuvra de telle sorte que le roi de Saxe, lors du départ des nouveaux renforts de Silésie, lança une proclamation faisant connaître que l'honneur national venait d'être entaché, et que le monarque punirait selon toutes les rigueurs militaires ceux qui manqueraient à leur devoir devant l'ennemi. Jusqu'ici, on avait vu un Frédéric-Auguste honnête, bienveillant et timoré ; aujourd'hui, il se révélait énergique, presque martial !.... Mais, dans son entourage, ce n'était point un mystère, qu'en dictant ces nobles paroles qui semblaient émaner de sa propre initiative, le roi de Saxe ne faisait que répéter littéralement les propos que venait de lui tenir l'habile ministre de Napoléon [2].

Au reste, que l'attitude de Frédéric Auguste en cette occasion lui ait été inspirée par son amour-propre national, ou que le souverain saxon ait fidèlement suivi les conseils de Bourgoing,

[1] *Souvenirs intimes du baron de Bourgoing.*
[2] Notes du lieutenant général de Gablenz, aide de camp du roi de Saxe. *Souvenirs inédits du chevalier de Cussy.*

ses dignes paroles devaient avoir leur récompense. Bientôt, on apprenait que les régiments saxons se distinguaient au siège de Dantzig ; les bataillons de Silésie montraient une endurance et une valeur qui faisaient oublier la défaillance passée du régiment de Niesemuschel. Quant aux cuirassiers saxons, ils allaient, à côté des escadrons de la Houssaye, contribuer brillamment au triomphe de Friedland.

Pendant que Bourgoing acquérait de justes droits à la reconnaissance de Napoléon, effaçant les maladresses de son prédécesseur, apaisant les multiples susceptibilités saxonnes et resserrant les liens d'amitié entre les nouveaux alliés, les événements de la guerre se déroulaient sur des théâtres divers. La campagne de Pologne ne nous donnait pas des succès incontestables comme ceux de la campagne de Prusse. Les combats de Czarnovo, de Pultusk et de Golymin n'avaient été que de sanglantes rencontres ; Eylau qu'une boucherie inutile. Après cinquante et un jours de tranchée ouverte, Dantzig s'était rendu au maréchal Lefebvre (26 mars) ; Mortier terminait ses opérations dans la Poméranie en signant un armistice avec le roi de Suède ; en Silésie, Vandamme, après la prise de Schweidnitz, faisait capituler Neiss (1er juin) ; Colberg était investi par le général Loison. De tout son royaume, il ne restait plus à Frédéric-Guillaume que les deux villes de Kœnigsberg et de Memel. L'Autriche offrait depuis longtemps sa médiation ; on l'accepta. Quelques négociations eurent lieu et ne purent aboutir devant les prétentions de l'Angleterre et de la Russie. Pour amener une paix sincère, il fallait à Napoléon une victoire décisive. Ce fut à Friedland qu'il la remporta, le 14 juin, jour anniversaire de Marengo. Alors le conquérant se demanda s'il allait franchir le Niémen, s'enfoncer dans l'empire moscovite.... Les armées alliées étaient décimées et démoralisées. Lui, au contraire, pouvait contempler avec orgueil 200,000 soldats exaltés par le triomphe.... Il hésitait, quand des ouvertures de paix vinrent le tirer d'embarras. Le 24 juin, le descendant des Romanov et le fils de Lætizia avaient une entrevue mémorable sur le Niémen, devant Tilsitt. Quelques jours après, la paix était définitivement signée.

IV.

Le traité de Tilsitt démembrait la Prusse et la faisait descendre au rang de puissance secondaire. Ce n'était pas le seul État sacrifié par la politique de Napoléon.

Trois fois démembrée par d'iniques partages, la Pologne, qui fut si longtemps l'avant-garde de la chrétienté et de la civilisation, avait été définitivement rayée de la carte de l'Europe, le 24 octobre 1795. Dès lors, les enfants du noble royaume des Jagellons et des Sobieski avaient mis tout leur espoir dans les armes de la France, et les légions polonaises avaient vaillamment fait la guerre à nos côtés en Italie, en Allemagne et sur la Vistule. L'écrasement de la Prusse et les derniers revers d'Alexandre venaient d'augmenter la joie des patriotes polonais. Mais Napoléon, tout sensible qu'il fût à l'attachement de ce malheureux peuple, et tout en ayant le désir sincère de récompenser son dévouement, désirait garder des ménagements vis-à-vis de son nouvel ami, le tsar. Il était sûr de la fidélité de la Pologne, tandis qu'il lui fallait payer l'alliance moscovite, si nécessaire dans sa lutte contre l'Angleterre. Car Napoléon ne s'abusait pas sur l'amitié forcée de monarques vaincus, et sans doute se rappelait-il les paroles de Mme de Staël, lui disant deux années auparavant : « Sire, les anciennes cours aiment la France nouvelle, à peu près comme les vieilles femmes aiment les jeunes [1]. » Paroles prophétiques, que le soldat couronné dut souvent méditer au cours de sa carrière ! Du dernier traité était donc sorti, non une Pologne reconstituée et indépendante, mais le pâle *grand-duché de Varsovie*, faible étincelle de nationalité jaillie des cendres d'une antique et glorieuse nation. La Russie pouvait se montrer satisfaite. Quant aux Polonais, ils n'étaient pas découragés. Leurs espérances subsistaient entières, et certes, la pensée ne leur serait pas venue d'en vouloir à Napoléon, qu'ils considéraient comme le sauveur. Ils ne se demandaient pas si les exigences de la politique et les susceptibilités de diverses puissances devaient empêcher à jamais la renaissance de leur patrie. Pour eux, le nouveau grand-duché, s'il n'était

---

[1] *Souvenirs intimes du baron de Bourgoing.*

pas la Pologne réédifiée, en était du moins l'image, la pierre
d'attente. Il semblait même que la nomination de Frédéric-Auguste comme grand-duc de Varsovie comblât les vœux des patriotes. La chaîne du passé n'était-elle pas renouée ? A leur tête,
ne voyaient-ils pas un souverain de l'illustre maison de Saxe,
héritier des rois de Pologne ?....

Flattés des bénéfices et des honneurs que leur apportait le récent traité, Frédéric-Auguste et son peuple désiraient recevoir
avec éclat le triomphateur, et, le 16 juillet, Napoléon était entré
à Dresde au milieu de l'enthousiasme général. En allant à la
rencontre de cet homme extraordinaire, qu'il n'avait jamais vu
et qu'il attendait avec un extrême intérêt, le roi de Saxe avait
bien senti quelque craintif frisson. Lui, si pacifique, faible monarque, quelle impression ferait-il sur le belliqueux et puissant
empereur ?.... Dès les premiers mots du terrible conquérant, il
était rassuré. Et, quand les deux souverains mirent pied à terre
devant le château royal, Frédéric-Auguste était déjà séduit. Son
illustre visiteur lui avait manifesté un abandon et des prévenances inattendus.

Si Napoléon s'était montré sous un tel jour, ce n'était pas
qu'il voulût uniquement rendre hommage aux vertus de son
hôte. Il avait tenu à gagner le cœur du grand-duc de Varsovie,
pour le préparer au rôle qu'il lui avait dévolu. Or, ce rôle présentait certains côtés difficiles. Quelque confiance que le faiseur
de rois eût dans l'expérience et la sagesse de Frédéric-Auguste,
son autoritarisme ne pouvait admettre la pensée d'une Pologne
gouvernée en dehors de son contrôle. Il lui fallait un agent
adroit et sûr, pour orienter selon ses vues l'administration du
nouvel État et rappeler, au besoin, à Frédéric-Auguste que,
comme roi de Saxe et grand-duc de Varsovie, il était doublement lié au système du « Protecteur » de la Confédération du
Rhin. Avant son entrée dans la capitale saxonne, le choix de
Napoléon était fait. Bourgoing serait le fidèle et sage mentor attaché aux pas de Frédéric-Auguste. Les quelques jours que Napoléon passa au château royal ne furent donc pas consacrés
qu'au repos et au seul plaisir de la société de son allié. Il eut
avec Bourgoing de longues conférences, au cours desquelles il
détailla à son ministre les instructions que lui suggérait la position délicate où son immixtion dans les affaires polonaises le

plaçait vis-à-vis de plusieurs puissances. « Soyez prévenant, ami-
cal, aussi affectueux que possible avec les Polonais, disait-il au
vieux diplomate. Je veux qu'ils voient en vous le représentant
d'un homme qui les aime, veut leur bonheur ; mais n'exaltez pas
trop leur imagination. Je compte sur leur dévouement. Je ferai
pour eux ce que je pourrai *quand il sera temps*, mais, en attendant, calmez-les plutôt que de les exciter [1]. » Ce temps ne devait
jamais venir.

Son illustre allié lui avait instamment recommandé un voyage
prochain à Varsovie, et cependant, bien qu'il eût à cœur de ne
pas mécontenter Napoléon, Frédéric-Auguste saisissait les
moindres prétextes pour différer son départ. Tout en aimant et
estimant pour de multiples motifs le malheureux peuple polonais, le grand-duc pressentait en effet que le caractère fougueux
et versatile de ses nouveaux sujets ne s'accommoderait pas longtemps de sa réserve habituelle et de sa froideur d'Allemand.
Enfin, au mois de novembre, il lui fallut se mettre en route. Dès
son arrivée à Posen, il était l'objet d'ovations enthousiastes et,
le 21, il faisait une entrée solennelle à Varsovie, au bruit des
acclamations populaires et au milieu des démonstrations les plus
sympathiques. Au palais de la Blacha, magnifique demeure du
prince Poniatowski, chez le maréchal Davoust ainsi que chez le
ministre de France, se succédèrent, en l'honneur du grand-duc,
de brillantes fêtes où rivalisèrent de luxe et d'élégance les héros
présents et futurs de la vaillante aristocratie polonaise, tels que
les Chlopicki, les Dombrowski, les Gutakowski, les Kitzki [2] et
les Potocki, et aussi les femmes les plus belles, comme les Lu-
bomirska, les Sobanska, les Sulkowska et les trois sœurs Grudzienska, dont l'aînée était appelée à une si haute destinée [3].

Pendant que se déroulaient toutes ces fêtes éblouissantes,
pendant que la magnifique armée de Poniatowski arborait avec
enthousiasme la cocarde blanche, insigne de l'ancienne monar-
chie polonaise, et que les cris de *Vivat Król* [4] ! retentissaient
dans les solennités publiques et au milieu des revues passées

[1] *Souvenirs intimes du baron de Bourgoing.*
[2] Louis Kitzki, aide de camp de Poniatowski, puis général de cavalerie.
Tué à la bataille d'Ostrolenka, en 1831.
[3] Jeanne Grudzienska épousa, le 24 mai 1820, le grand-duc Constantin, héritier de la couronne de Russie, et fut créée princesse de Lowicz.
[4] Vive le roi !

dans ces plaines de Wola, tant de fois témoins d'élections tumultueuses, un seul homme peut-être en Pologne ne partageait pas l'allégresse générale, c'était le grand-duc de Varsovie lui-même. Par égard pour la Prusse, Frédéric-Auguste avait déjà, en 1792, refusé la couronne que le prince Czartoriski lui offrait pour lui et ses successeurs. Quinze ans après, le roi de Saxe était encore le prince de mœurs simples, inaccessible à tout sentiment d'ambition et de vanité. Son caractère était toujours le même. Seules, les circonstances avaient changé. Aujourd'hui, ce n'était plus un membre de la diète polonaise qui le suppliait d'accepter le sceptre des Jagellons ; c'était un puissant monarque qui lui imposait une obligation. Un allié, ce souverain lui disant : « Prends cette couronne ! » Mais quel allié !.... De plus, il faut le dire, de quelque côté que se tournât le paisible Frédéric-Auguste, il n'entendait que chants d'allégresse, que paroles louangeuses à l'adresse d'un généreux vainqueur. Aurait-il eu la pensée de se dérober à l'invitation de Napoléon qu'il eût dû la repousser bientôt. Dans son entourage immédiat, son fidèle Marcolini et le comte de Bose, depuis longtemps fervents partisans de l'alliance française, ne tarissaient pas sur le compte de Napoléon. Selon eux, les désirs du grand homme devaient être des ordres pour Frédéric-Auguste [1]. Et le beau-frère de l'empereur d'Autriche, le prince Antoine de Saxe lui-même, était gagné à notre cause. Lors du séjour du vainqueur de Friedland à Dresde, il avait subi l'ascendant de ce conquérant, habile, quand il le voulait, dans l'art de flatter et de séduire [2]. L'amour-propre du peuple saxon, déjà touché par l'élévation de l'Électeur au rang de roi, était exalté par la nouvelle dignité dont venait d'être revêtu son souverain. Quant aux Polonais, devenus sujets de Frédéric-Auguste, nous avons vu avec quelle joie ils acceptaient le monarque donné par Napoléon. Cœurs saxons et cœurs polonais vibraient alors à l'unisson dans un même sentiment de reconnaissance pour l'empereur des Français. Peut-être était-ce là le seul point de commun entre ces deux peuples si dissem-

---

[1] « Ils (Marcolini et le comte de Bose) ne parlaient que de Napoléon, disaient que la reconnaissance commandait au roi d'aller au-devant de ses désirs. » Notes Gersdorf. *Souvenirs inédits du chevalier de Cussy.*

[2] « .... Le grand allié !.... Le généreux vainqueur !.... » Ainsi s'exprimait le prince Antoine pour désigner l'empereur des Français. *Souvenirs inédits du chevalier de Cussy.*

blables, qui devaient nous montrer leur attachement de façon bien différente.... Qu'il nous soit permis, à ce propos, de tracer, dès maintenant, en quelques lignes, un rapide parallèle des preuves de reconnaissance respectivement données à la France de Napoléon par chacune de ces nations.

Depuis des années, les bouillants Polonais vivaient dans le camp français, donnant pour nous sans compter tout leur sang généreux. Les légions de Dombrowsky s'étaient déjà illustrées sur nos divers champs de bataille. Golymin, Dantzig, Friedland, avaient été témoins des exploits des Polonais. Dans les journées de Medina del Rio-Seco et de Somo-Sierra, on devait voir les fameux lanciers rouges consacrer leur bravoure légendaire. Puis, pendant la campagne contre l'Autriche, ce sera l'intrépide Poniatowski luttant et poursuivant l'armée quatre fois supérieure en nombre de l'archiduc Ferdinand. Plus tard, les bataillons polonais prendront une part active et glorieuse à la campagne de Russie, d'où leur artillerie ramènera toutes ses bouches à feu. En Saxe, à Wachau, ils défendront victorieusement le passage de la Pleiss. Après la mémorable bataille de Leipzig, ils couvriront la retraite de l'armée française, dont ils se verront, hélas ! séparés par la fatale explosion du pont de Lindenau. Alors, plutôt que de se rendre, leur digne et valeureux chef, Poniatowski, maréchal de la veille, se noiera dans l'Elster, écrivant ainsi, dans une héroïque apothéose, la dernière page de l'alliance franco-polonaise.... Tout autre est l'histoire du concours donné à Napoléon par les armes saxonnes. Si le maréchal Lefebvre avait pu se louer, sous les murs de Dantzig, des troupes de Frédéric-Auguste, nous savons qu'en Silésie tout un régiment s'était rendu aux Prussiens. Au cours de la célèbre campagne du Danube, le contingent saxon de Bernadotte se signalera surtout par la fatale méprise de Raasdorf. En Russie, à Kobrym, le général Klengel mettra bas les armes devant Tormazof. En 1813, un des chefs les plus en vue de l'armée saxonne, Thielman, oubliera les bienfaits de Napoléon et ternira ses glorieux souvenirs de Griess-Hübel et de la Moskowa, pour négocier avec les Prussiens la trahison de l'armée de Frédéric-Auguste. En effet, bientôt l'on verra, à Dennewitz, le major de Bunau passer à l'ennemi avec un bataillon. Et enfin, ce sera, au sombre jour de Leipzig, la honteuse défection de tout le contingent !.... Du chevaleresque Po-

niatowski au traître Thielman, voilà la différence entre le dévouement des Polonais et la fidélité saxonne !.... Mais n'anticipons
pas sur les événements.

Accueil chaleureux et vivats enthousiastes des Polonais ne
pouvaient faire oublier au sage mais craintif Frédéric-Auguste
les difficultés de sa tâche. Son court séjour à Varsovie venait de
lui montrer à nu la détresse financière de l'État. L'entretien de
l'armée nationale et des troupes de Davoust avait vidé le trésor du grand-duché. Comment restaurer les finances et ramener
la prospérité dans un pays ruiné par les dernières guerres, où
l'on ne voyait plus trace de commerce ni d'industrie ? L'intègre
et simple Frédéric-Auguste n'avait pas les goûts fastueux de ses
aïeux Auguste II et Auguste III. Il abandonna sa liste civile de
grand-duc, réduisit au strict nécessaire les dépenses des divers
services. S'il put ainsi combler quelques trous, le résultat de
cette générosité fut, à un autre point de vue, bien inattendu. Il
mécontenta les Polonais, déçus d'avoir à leur tête un monarque
de goûts aussi bourgeois. Rentré perplexe à Dresde, après un
séjour de cinq semaines en Pologne, le grand-duc songea à s'a-
dresser à Napoléon. Lui seul pourrait le tirer d'embarras.

En ce moment le conquérant avait d'autres soucis que les
finances polonaises. Profitant du lamentable spectacle donné par
la cour d'Espagne, il avait résolu d'accaparer la couronne de
Charles IV. Le 20 mars, Murat faisait son entrée à Madrid, puis
Napoléon, que la fatalité enfonçait dans l'aventure qui devait le
conduire à sa perte, se transportait en personne à Bayonne. Ce
fut là que vinrent le trouver les doléances du grand-duc, et
aussi ses félicitations sur l'attitude prise par l'Empereur dans
les affaires d'Espagne. De la part d'un monarque éclairé comme
Frédéric-Auguste, ces compliments déplacés ont lieu de surprendre, et l'histoire doit apprécier comme il convient la
conduite du roi de Saxe en cette circonstance où, à la face du
monde, un souverain va abuser de son omnipotence pour consommer une véritable iniquité. Les désordres cyniques de l'indigne reine d'Espagne répugnaient aux mœurs pures de Frédéric-
Auguste, et naguère il avait repoussé avec horreur la demande
faite par le prince des Asturies pour obtenir la main de sa fille.
Ces motifs d'ordre moral ne suffisent pas pour excuser l'attitude
du monarque saxon. Déjà on l'a entendu répéter complaisam-

ment les propos de Napoléon, parler avec tristesse de « cette dynastie des Bourbons d'Espagne, avilie et indigne de régner [1]. » Dans son admiration sans bornes pour le « grand allié, » il va aller plus loin. Appréciant la lettre écrite le 16 avril par Napoléon à Ferdinand, il osera dire à Bourgoing stupéfait : « Cette lettre mérite tout entière d'être gravée en lettres d'or [2] !... » Dans un rapport qu'il fit rédiger à Berlin en juillet 1814, pour exposer aux souverains de Russie, de Prusse et d'Autriche sa conduite politique de 1806 à 1814, Frédéric-Auguste appuiera fréquemment, et non sans finesse, sur l'obligation « de céder à la force dans un temps où la condescendance envers la puissance prépondérante était devenue une maxime à peu près générale [3]. » En dépit de cette condescendance quasi obligatoire, il nous semble que les éloges décernés alors à Napoléon font tache sur le caractère d'un roi auquel de zélés biographes ont donné le surnom de « Juste. »

Napoléon fut-il sensible aux compliments de Frédéric-Auguste ? Il serait puéril d'avancer qu'ils le décidèrent à la consommation d'une iniquité déjà résolue ; mais peut-être cette fumée d'encens venue de Dresde l'encouragea-t-elle dans une voie fatale. La pureté de vie, le désintéressement et l'intégrité de Frédéric-Auguste avaient, en effet, profondément impressionné le conquérant et, de son séjour à la cour saxonne, il avait conservé une haute idée des vertus de son allié, pour lequel il professait la plus grande estime. Les 5 et 10 mai de cette année 1808, Charles IV et son fils renonçaient à la couronne d'Espagne en faveur de l'empereur des Français. En même temps, ce dernier, voulant sans doute récompenser de laudatives approbations, et guidé aussi par un désir sincère de satisfaire le grand-duc de Varsovie en venant au secours des finances de la Pologne, faisait signer par Senfft de Pilsach et Champagny la convention de Bayonne.

V.

Ce serait sortir du cadre de cette étude que d'essayer d'approfondir tous les froissements et les malentendus plus ou moins

[1] Notes Gersdorf. *Souvenirs inédits du chevalier de Cussy.*
[2] Bourgoing au ministre des affaires étrangères, mai 1808.
[3] *Exposé de la marche politique du roi de Saxe.*

voulus qu' résultèrent de la *Convention de Bayonne*. Mais cette affaire compliquée constitue une page trop importante de l'histoire de l'éphémère duché de Varsovie, pour qu'il ne soit pas indispensable de la présenter sous son vrai jour [1], et aussi d'en examiner les conséquences principales.

Par un acte signé à Dresde, le 22 juillet 1807, le gouvernement français s'était réservé les créances de la Prusse à la charge du duché de Varsovie. La convention dite « de Bayonne, » du 10 mai 1808, rétrocédait ces créances à Frédéric-Auguste contre une somme aversionnelle de 20 millions. Le désir de soulager le duché avait engagé le grand-duc à ratifier un arrangement devant mettre ses sujets à l'abri de la rigueur avec laquelle les agents de Napoléon auraient probablement exigé les créances qui en étaient l'objet. Le cabinet de Berlin avait antérieurement reconnu le principe que toutes ses propriétés dans le duché, à l'exception des biens-fonds et des capitaux appartenant à des particuliers ou à des établissements prussiens, passeraient au conquérant. L'article 3 d'un acte signé à Paris le 8 septembre 1808 par le prince Guillaume de Prusse confirma expressément ce principe [2]. Lors de la convention de Bayonne, on croyait généralement que la plus grande partie des fonds de la Banque de Berlin et de la Société maritime appartenaient au gouvernement prussien et avaient été administrés pour son compte, et le comte Daru, ayant porté sur ses états, intitulés *Créances prussiennes sur le duché de Varsovie*, les capitaux des particuliers reconnus après l'examen des livres de la Banque comme prête-noms, les agents français avaient mis ces fonds dans la liste des créances cédées. En les frappant de séquestre, le grand-duc de Varsovie agissait donc selon son droit strict de cessionnaire. Frédéric-Auguste obéit à de louables sentiments d'équité en autorisant cependant le Conseil d'État à recevoir les protestations des particuliers, et à donner mainlevée toutes les fois qu'ils auraient justifié de leurs titres. Il prescrivit également de satisfaire aux réclamations de la Caisse générale des veuves

---

[1] La plupart des détails qui suivent sur la convention de Bayonne sont tirés de l'*Exposé de la marche politique du roi de Saxe*.

[2] « Les créances de Sa Majesté prussienne à la charge des sujets varsoviens avaient été cédées dans le traité de Tilsitt, sans réserve ni exception » (art. 3 de la convention du 8 septembre 1808).

et de divers autres établissements publics, et usa enfin des plus grands ménagements possibles à l'égard des débiteurs, malgré l'embarras extrême où se trouvaient les caisses du duché pour effectuer les paiements dus à la France. Bien qu'il fût créancier du trésor public pour des avances considérables, et notamment pour l'abandon de sa liste civile, Frédéric-Auguste ne cessait de venir à son secours. Il ne s'apercevait que trop que la convention de Bayonne avait été pour son administration une opération financière déplorable, et il pressentait maintenant qu'à d'autres points de vue, cette affaire entraînait de pénibles conséquences. De prime abord, la convention du 10 mai 1808 avait peut-être semblé avantageuse à Frédéric-Auguste. C'était une somme de 20 millions à verser contre une valeur de 47 millions [1]. Le grand-duc de Varsovie comptait sans la jalousie d'un État voisin. Amoindrie par un impitoyable vainqueur, délaissée par l'Europe, la Prusse aigrie rongeait sa honte et, ne pouvant s'attaquer à celui qui commandait au monde, elle n'attendait que l'occasion de se venger sur un adversaire moins redoutable, sur cette Saxe si longtemps sa vassale, dont elle n'avait pu voir sans dépit l'élévation progressive à ses dépens. La clause de la convention de Bayonne relative aux particuliers et aux établissements prussiens lui fournissait un facile prétexte pour contrecarrer l'administration d'un prince avec lequel ses relations étaient déjà si tendues. Le vaincu d'Iéna, non seulement refusa l'extradition des obligations sur les créances de Bayonne, mais prétendit forcer encore par lettes patentes les débiteurs polonais à payer les capitaux, non pas au trésor varsovien, mais à la Banque de Berlin, sous menace de saisir leurs propriétés en Prusse, dans le cas où ils n'obtempéreraient pas à cette sommation. Ce séquestre ayant été exécuté et étendu depuis sur toutes les propriétés polonaises situées dans les États de Frédéric-Guillaume, sans distinction, le gouvernement du grand-duché se trouva dans le cas d'user de représailles et fit émaner à cet effet le décret du 6 janvier 1809. Plus tard, la convention du 10 septembre 1810 eut pour effet immédiat la levée réciproque du séquestre. Le roi de Saxe profita de cette occasion pour nouer des négociations au sujet d'un arrangement définitif des différends

[1] 43 millions de créances, plus 4 millions d'intérêts courus.

élevés sur l'affaire de Bayonne. Mais il était inévitable, suivant
les rapports subsistant entre le duché et la France, de communiquer à Paris, avant de rien conclure, les stipulations dont
on était à peu près convenu. Or, outré de la politique tor-
tueuse de la Prusse en toute cette affaire, Napoléon ne devait
pas approuver ces stipulations. Néanmoins, les négociations ne
furent pas abandonnées. Elles se traînèrent péniblement, sans
beaucoup d'espoir de réussite au regard du grand-duc, qui
comprenait enfin que le cabinet de Berlin était depuis longtemps
résolu à éterniser la querelle. Celle-ci en était au même point,
lorsque les relations entre les deux cours furent officiellement
rompues à la suite de la déclaration de guerre de la Prusse,
en 1813.

Retour de Bayonne, les représentants de la Pologne, encore
sous le coup de l'émotion produite par les conférences avec le
grand empereur, avaient espéré que Frédéric-Auguste les suivrait
sans retard à Varsovie. Dans leur enthousiasme pour Napoléon,
il semblait aux Polonais que l'ami de leur idole dût être investi
de son omnipotence et apaiser par sa seule présence tous les
maux de l'État. Les sympathies de Frédéric-Auguste allaient,
nous l'avons dit, à ses sujets du grand-duché, mais plusieurs
motifs devaient s'opposer au départ immédiat du prince. Il se
voyait à peine de retour en son château royal, et le quitter de
nouveau prenait à ses yeux les proportions d'un événement.
Les fougueux Polonais oubliaient-ils donc qu'avant d'être grand-
duc de Varsovie il était roi de Saxe ? Dix fois le baron de Serra [1]
avait écrit à Marcolini : « Il faut décider le roi à venir. Les patriotes s'impatientent [2]. » Frédéric-Auguste, trop fidèle à ses habitudes de lenteur, temporisait, redoutant la turbulence polonaise
et découragé d'avance par les difficultés que sa sagacité lui faisait deviner entre les lignes ambiguës de cette convention de
Bayonne, octroyée par l'arbitre du monde comme une panacée
infaillible. De fait, maintenant Frédéric-Auguste était obligé de
différer son voyage de Varsovie. Ainsi que tous les princes de
la Confédération du Rhin, il lui fallait se transporter à Erfurt,
où venait de s'ouvrir ce célèbre congrès dans lequel les empe-

[1] Le baron de Serra venait d'être nommé résident de France à Varsovie, en
remplacement de M. Vincent.
[2] *Souvenirs inédits du chevalier de Cussy.*

reurs Alexandre et Napoléon échangèrent en de légendaires paroles d'expansives assurances d'amitié qui devaient être de si courte durée.

Ce fut seulement dans les premiers jours de novembre que le grand-duc entra de nouveau à Varsovie. Il n'y reçut pas l'accueil enthousiaste de l'année précédente. La patience des Polonais avait été mise à une trop rude épreuve. Administrateur d'un État ruiné, devant un peuple dont il devinait maintenant la méfiance à son égard, gêné plutôt qu'aidé par Davoust et Serra qui, par leurs tracasseries respectives, ne perdaient pas une occasion de lui montrer qu'il ne devait être en Pologne qu'un préfet de Napoléon, Frédéric-Auguste fit, il faut le dire à sa louange, preuve d'une bonne volonté méritoire. Il inaugura la Diète avec une grande pompe. Selon les traditions, il prononça le discours d'ouverture en langue polonaise qu'il maniait avec aisance ; mais, tandis que le primat de Pologne, le cardinal-archevêque de Gnesne, paraissait couvert de la pourpre romaine, on remarqua que le grand-duc avait négligé de revêtir le costume national. Frédéric-Auguste présida plusieurs séances du conseil d'État, ne se laissa rebuter par aucun détail de l'administration. Hélas ! la détresse financière du pays était depuis longtemps trop complète pour qu'avec les moyens insuffisants dont il disposait, le grand-duc pût susciter quelque espoir de relèvement. Ces efforts infructueux, au lieu de forcer la reconnaissance des Polonais envers Frédéric-Auguste, accroissaient leur rancune. Trompés dans leur attente, ils tenaient aujourd'hui comme responsable de leur ruine celui que naguère ils acclamaient joyeusement. Pour mener ce peuple passionné, il eût fallu être un Maurice de Saxe doublé d'un Colbert. Or, on le sait, l'honnête et paisible Frédéric-Auguste n'avait rien du héros, son oncle, et, sans être un incapable, il ne possédait pas non plus les qualités d'administrateur du célèbre homme d'État. Il se rendait à l'évidence. Pacifiquement, le relèvement de la Pologne était impossible ; et, les événements justifiant sa présence à Dresde, il s'empressa de retourner en Saxe, où il trouverait des sujets moins turbulents et sachant mieux apprécier le caractère pondéré de leur prince.

Un simple détail donnera une idée de la désaffection des Polonais pour le grand-duc. Pendant ce deuxième séjour de

Frédéric-Auguste à Varsovie, le peuple et l'armée ne criaient
plus : « Vive notre roi ! Vive Napoléon ! » mais seulement :
« Vive Napoléon ! ! » Et ces cris de : « Vive Napoléon ! » redou-
blaient lorsque arrivaient d'heureux bulletins d'Espagne. Alors,
c'était du délire parmi la jeunesse varsovienne, et les épouses [1]
et les sœurs des intrépides soldats polonais tressaillaient d'un
noble orgueil [2]. Les fréquentes demandes d'augmentation des
effectifs de l'armée de Poniatowski ou du contingent guerroyant
dans la péninsule étaient, pour ce peuple chevaleresque, autant
d'occasions de prouver son absolu dévouement aux armes françaises. Parfois l'on pouvait aussi entendre les fiers Polonais,
faisant allusion à la dispense qu'avait obtenue Frédéric-Auguste
d'envoyer des troupes en Espagne, « parler avec tristesse du
roi de Saxe et de ses compatriotes déshonorés [3]. » Le cri de :
« Vive Napoléon ! » caractérisait bien le dernier espoir des patriotes. Pour eux, le nom du grand empereur d'Occident repré-
sentait la Pologne restaurée, et surtout il signifiait la guerre.
Or, de la guerre dont Napoléon incarnait le génie, les puissances complices du vieux péché de partage ne pouvaient sortir
que diminuées. A défaut du salut, ce serait toujours une consolation. Et, de plus en plus, la Pologne frémissait d'une belliqueuse impatience ; car, cette guerre tant souhaitée, elle la
voyait venir, tout près, certaine, inévitable.

VI.

La nouvelle de ce qui s'était passé à Bayonne avait profondément ému la cour d'Autriche. L'abdication des Bourbons
d'Espagne n'était-elle pas en effet un signe avant-coureur de la
prochaine déchéance des Habsbourg ? Dès ce moment, poussé
secrètement par le cabinet de Berlin et enhardi par la neutralité probable d'Alexandre, François Ier rêva de tirer l'épée contre
l'insatiable César qui ne se montrait aux rois que pour les forcer
à se proclamer satisfaits au milieu de leurs ruines. Napoléon
était alors à l'apogée de sa puissance. Mais, de son pouvoir, il
avait tellement abusé, ses bulletins de victoire avaient si sou-

[1] *Souvenirs inédits du chevalier de Cussy.*
[2] *Souvenirs intimes du baron de Bourgoing.*
[3] *Souvenirs inédits du chevalier de Cussy.*

vent parlé aux peuples divers de délivrance et de liberté, que
ces peuples, à leur tour, avaient senti s'éveiller en eux un sentiment inconnu jusqu'ici, le sentiment national; et que, consi-
dérant le conquérant qui bouleversait leurs coutumes et leur
imposait les lois françaises, ce soldat couronné, ce fils de la Révolution leur apparaissait comme un détestable tyran.

Dans les multiples États allemands, le contre-coup des événements d'Espagne se faisait sentir, et, malgré sa fidélité apparente à la cause napoléonienne, la Saxe elle-même accusait des
symptômes inquiétants. Nous l'avons vu plus haut, roi et peuple
saxon s'étaient, comme il convenait, montrés satisfaits des avantages que leur concédait le traité de Tilsitt. Mais il s'en fallait
qu'il y eût unanimité dans la reconnaissance des sujets de Frédéric-Auguste. Aux Saxons qui parlaient du « généreux vainqueur, » du « cher et grand allié, » d'autres Saxons répondaient
par les mots « d'ami encombrant [1]. » L'immixtion du protecteur
dans tous les rouages de l'administration, les réformes accom-
plies brusquement par des agents trop zélés, la rigoureuse application du blocus continental, les faveurs accordées aux catholiques dans ce pays foncièrement luthérien avaient indisposé
une notable partie de la population. Si l'armée saxonne voyait
son prestige s'accroître aux victoires françaises, la noblesse
pleurait ses privilèges amoindris, le clergé protestant était cho-
qué de la liberté confessionnelle étendue aux catholiques, et les
philosophes et les penseurs qui naguère avaient applaudi aux
idées venues d'une France nouvelle ne cachaient pas maintenant leur antipathie pour des étrangers leur apportant, en guise
de liberté, une pesante domination. Comme dans les autres
pays allemands, poussée par un vague désir de délivrance, un
tardif sentiment de nationalité, la majorité des Saxons avait vu
avec joie s'éclore et prospérer l'association du *Tugendbund*.
Pour courir en Espagne, les troupes françaises avaient laissé
dégarnies les forteresses du royaume; Napoléon était lui-même
occupé dans la péninsule; en dépit des protestations d'Erfurt, les
chancelleries savaient ce qu'il fallait penser de l'alliance franco-
russe. En ces circonstances favorables aux menées de l'Autriche, quelle allait être l'attitude du paisible Frédéric-Auguste?

---

[1] *Souvenirs inédits du chevalier de Cussy.*

Disons-le tout de suite et bien haut, la conduite du monarque saxon fut, au long de cette période critique, celle d'un allié loyal et sincère. Il convient même d'ajouter que, comme nous le verrons, ses manifestations d'amitié dépasseront parfois la mesure.

Depuis le traité de Posen, la reconnaissance de Frédéric-Auguste pour Napoléon a pris la forme d'un véritable culte. Il ne peut croire à une erreur du conquérant, pas plus dans ses vues politiques que dans ses conceptions militaires. Lors des événements de Bayonne, il a, à l'indignation des cours européennes, approuvé une brutale déchéance, voulue et préparée. Tous les projets, tous les actes de son idole lui semblent légitimes. Quelques années plus tard, quand, dans un plaidoyer *pro domo*, il dira aux souverains coalisés : « Le roi (de Saxe) ne s'est point dissimulé que le but pour lequel Napoléon l'obligeait de prodiguer les ressources de son pays était fort étranger à son véritable intérêt [1], » Frédéric-Auguste aura oublié les propos tenus dans les mois précédant la campagne de 1809. « Votre beau-frère est mal conseillé, a-t-il dit au prince Antoine, l'empereur des Français ne veut que l'intérêt général [2]. » Et c'est encore à la même époque que Gablenz et Gersdorf l'entendront s'écrier : « Ce que fait notre allié est bien. Ils (les partisans de l'Autriche) sont les ennemis de la Saxe et de l'Allemagne [3]. »

Il serait étrange de notre part de médire des témoignages de dévouement donnés alors à notre cause par Frédéric-Auguste. Cependant, un homme impartial, qu'il soit Allemand ou Français, ne peut-il s'étonner d'une exagération confinant à la servilité ? Qu'elle est loin, cette réserve observée par le roi de Saxe au début de l'alliance ! Aujourd'hui, il ne semble plus vivre que pour prévenir les désirs du conquérant, et tous ses actes dénotent un francophilisme stupéfiant. Le ministre prussien Stein, un des fondateurs du Tugendbund, est étroitement surveillé par la police impériale; aussitôt Frédéric-Auguste met sous séquestre ses propriétés de Saxe.... Napoléon fait l'honneur à Mme de Staël de la traiter en ennemie personnelle. Fouché l'a fait sortir de France. L'auteur de *Corinne* a quitté sa retraite de Coppet; elle voyage en Allemagne, s'arrête à Weimar, puis à

---

[1] *Exposé de la marche politique du roi de Saxe.*
[2] *Souvenirs inédits du chevalier de Cussy.*
[3] *Ibid.*

Dresde, préoccupée de littérature, aucunement de politique. Et, pour être agréable au maître, Frédéric-Auguste s'empresse de l'expulser de ses États. Traquée de ville en ville, la célèbre proscrite gagnera Vienne, refuge préféré des ennemis de Napoléon, où elle sera le point de mire de toutes les curiosités et trouvera un accueil d'autant plus flatteur qu'elle est persécutée par le vindicatif empereur [1].... C'est encore à cette époque que Frédéric-Auguste accentue la disgrâce d'un de ses plus anciens serviteurs. Après Iéna, le vainqueur lui avait imposé la démission du comte de Loss qui, pendant vingt-neuf années, avait été premier ministre de la Saxe. Depuis, le vieil homme d'État expiait durement sa politique prussienne. Il vivait retiré et isolé, mis au ban de la cour de Dresde, rejeté par celui qui, simple électeur de Saxe, l'avait si longtemps traité en ami. Ce n'est pas assez. Frédéric-Auguste notifie à son trésor la suppression de la pension du comte de Loss.

Le « grand allié » souhaitait mieux que des disgrâces et des expulsions particulières. Participer à ses haines personnelles, cela touche agréablement ses fibres intimes, sensibles à la flatterie, mais Napoléon, on le sait, ne se nourrit pas de sentiments. Ce qu'il lui faut, ce sont des soldats. Bourgoing rappelle au monarque saxon les clauses du traité de Posen. Sous couleur de manœuvres d'instruction, l'Autriche masse ses troupes aux frontières et s'apprête, en dépit des assurances pacifiques de Metternich, à entrer en campagne sous le premier prétexte. Pendant que Français et Polonais guerroient en Espagne, ne conviendrait-il pas que la Saxe armât ses forteresses, montrât des preuves palpables de l'alliance?.... Frédéric-Auguste est perplexe. Aux portes de Dresde et en Lusace, il a sur pied

---

[1] Quand elle arriva dans la capitale autrichienne, où elle devait passer l'hiver de 1809, Mme de Staël, mariée secrètement à M. de Rocca, était dans un état de grossesse assez avancé, qu'elle faisait passer pour de l'hydropisie, ce dont personne n'était dupe. Il revint au marquis de Bonnay que Mme de Staël avait dit : « En voyant le marquis de Bonnay, j'ai cru voir le spectre de l'ancien régime. » Le spirituel marquis se vengea de ce propos par le quatrain suivant qui fit le tour des salons de Vienne et prouva irrévocablement à la célèbre femme le peu de créance accordée à la maladie dont elle se disait souffrante :

Par ses écrits, par son génie,
Elle appartient à l'immortalité,
Et, jusqu'à son hydropisie,
Rien n'est perdu pour la postérité.

(*Souvenirs inédits du chevalier de Cussy.*)

14,000 hommes, mais il se méfie justement de la qualité des troupes commandées par des généraux hors d'âge, se complaisant dans une inaction et une routine qu'encourage Cerrini, l'incapable ministre de la guerre. Le représentant de Napoléon est vraiment un homme habile. Il a prévu les hésitations et les doléances de Frédéric-Auguste. Dans l'entourage de ce dernier, les officiers saxons les plus en vue, les Gablenz, les Gersdorf, les Funck, les Thielman préconisent hautement une réorganisation de l'armée et l'instruction militaire à la française, font des vœux pour l'intervention éclairée d'un maréchal d'empire. Et Bourgoing feint de se faire arracher par le paisible prince la promesse d'implorer du « grand allié » le concours d'un de ses lieutenants. On pense que l'assentiment de Napoléon ne pouvait tarder, et l'on voyait bientôt arriver à Dresde, acclamé par la jeunesse militaire, l'un des plus illustres compagnons d'armes du conquérant; Bernadotte, investi de la mission de former et de diriger l'armée saxonne. Dans les États de Frédéric-Auguste, le contrôle et la mainmise de Napoléon sont maintenant absolus. L'Autriche peut jeter bas le masque et pousser son cri de guerre; son ennemi est prêt à parer les coups et aussi à les rendre.

VII.

Quelques jours avant le début des hostilités, le comte Zichy, ministre d'Autriche à Dresde, intriguait à la cour de Saxe. Adroitement, il faisait parvenir au roi une sorte d'ultimatum, savant mélange d'assurances bienveillantes et de menaces. Napoléon n'est-il pas l'oppresseur des peuples germaniques et, partant, de la Saxe? Les Saxons ont déjà manifesté leurs sentiments allemands et n'obéissent qu'à contre-cœur au despote. Que Frédéric-Auguste renonce au système napoléonien! qu'il revienne à ses alliances naturelles! L'instant est propice.... S'il refuse d'écouter la voix de sa conscience et de conformer sa conduite aux préférences de son peuple, il commettra un acte monstrueux d'ingratitude envers l'Allemagne; puis ce sera l'invasion de son royaume. La fuite même ne fera pas échapper Frédéric-Auguste à la juste colère des libérateurs de l'Allemagne !....

---

¹ *Souvenirs inédits du chevalier de Cussy.*

François Ier est soutenu en effet par l'opinion publique. Il s'est flatté de l'appui de la Prusse et de la Russie et se croit désigné par la Providence comme le champion vainqueur, le sauveur des peuples germaniques. Napoléon lui eût-il alors rendu ses provinces de l'Italie et sa couronne élective, que l'empereur d'Autriche n'eût pas renoncé à tirer l'épée. Mais aucune pression n'influencera le roi de Saxe. Que les Allemands lui fassent reproche de sa docilité, de sa servilité vis-à-vis de Napoléon ; soit ! Il entend être fidèle allié jusqu'au bout. Déjà il a repoussé les ouvertures faites au prince Antoine ; il ne répondra même pas aux nouvelles suggestions de François Ier.

Le 9 avril, l'archiduc Charles adressait au prince de Neuchatel une lettre dénonçant les hostilités et, quelques jours après, les armées autrichiennes franchissaient l'Inn et l'Isar. L'heure viendra bientôt pour Frédéric-Auguste d'abandonner Dresde pour fuir à Leipzig et de là à Francfort. Est-ce par peur ? Non. En dépit de sa timidité, le roi de Saxe en est incapable. Si, devant l'invasion, la famille royale quitte une capitale dépourvue de moyens sérieux de défense, c'est pour éviter le déplorable effet moral que sa capture produirait sur un peuple doutant peut-être de la sincérité de l'attachement de son monarque à la cause française. L'exode de Frédéric-Auguste marque au contraire la date de l'abandon de sa politique ondoyante. Jusqu'ici le roi de Saxe n'avait paru inféodé à notre cause que par contrainte. Aujourd'hui il a rompu avec ses scrupules et ses hésitations et il nous donne, de la loyauté de ses engagements, une garantie d'autant plus méritoire que ses sujets sont, pris dans l'ensemble, mal disposés à notre égard. Que l'on suppose Frédéric-Auguste accueillant les propositions du comte Zichy, fermant simplement les yeux sur les agissements de Brunswick et du major Schill, puis recevant à Dresde les généraux autrichiens, sa conduite semblera conforme au sentiment populaire et il rentrera facilement en grâce près des cours de l'Europe. Vis-à-vis de Napoléon vainqueur, il lui sera aisé d'expliquer, ou, tout au moins, d'atténuer par les nécessités du moment une attitude équivoque sans doute, mais pas plus répréhensible, après tout, que celle d'autres alliés, en ces temps agités où l'on voit les traités les plus solennels et les plus solides en apparence ne pas durer plus longtemps que de simples armistices.

Non, rien de tout cela. Et le monarque saxon saisit cette occasion pour nous prouver sa fidélité. Il rappelle à son peuple l'alliance conclue avec Napoléon, invite ses généraux à sévir contre les déserteurs, à s'opposer aux défections et à combattre bravement les armées de l'Autriche, aussi bien que les bandes de partisans qui, conduites par Schill et Brunswick, inondent déjà la Saxe.

Frédéric-Auguste quittera donc sans hésitation Dresde menacée de l'invasion; ayant du moins la consolation de voir le major Schill échouer piteusement, tout comme Brunswick, qui battra précipitamment en retraite, poursuivi l'épée dans les reins par Thielman, ce futur traître dont le nom est alors synonyme de fidélité à la cause napoléonienne. Quelques mois plus tard, le prince de Ligne pourra dire au marquis de Bonnay : « Comme vous, j'avais cru à la duplicité du roi de Saxe. Je m'étais trompé. A la veille de la campagne, il a passé le Rubicon. Napoléon doit lui avoir de la gratitude [1]. » De 1809 à 1813, ce seront en effet, entre le moderne Charlemagne et le paisible Frédéric-Auguste, quatre années d'une alliance vraiment loyale, et peut-être est-ce en reconnaissance de cette période, âge d'or de l'union franco-saxonne, que, de son rocher de Sainte-Hélène, le vaincu de Waterloo, oubliant l'évolution de 1813 pour ne se souvenir que de la pureté des intentions de son allié, dictera sur Frédéric-Auguste les élogieuses paroles suivantes : « C'est le plus honnête homme qui ait tenu un sceptre [2]. »

Les brusques attaques des armées autrichiennes avaient tout d'abord été couronnées de succès. Précédé par d'adroites proclamations, le général Am Ende entrait à Dresde sans coup férir et, signe non équivoque de la fermentation des idées saxonnes, y était reçu aux acclamations de la population. Sans les exactions commises par les bandes de Brunswick, la Saxe entière fût alors tombée au pouvoir des Autrichiens. Sur le Rhin, Berthier compromettait nos armes par un faux mouvement. Du côté du grand-duché de Varsovie, les Moscovites qui, pour leur compte personnel, avaient tranquillement fait la conquête de la Finlande et parachevaient celle de la Valachie, regardaient en

---

[1] *Souvenirs inédits du chevalier de Cussy.*
[2] *Mémorial de Sainte-Hélène,* t. VI.

spectateurs l'agression autrichienne. Sans doute leur répugnait-il de secourir les Polonais détestés. Et les 8,000 soldats de Dombrowski et de Poniatowski reculaient, malgré leur courage, devant les 40,000 hommes de l'archiduc Ferdinand.

Le but de cette étude n'est point de suivre pas à pas de savantes manœuvres maintes fois décrites par les plumes les plus autorisées; aussi nous permettra-t-on de franchir l'espace de plusieurs mois pour nous transporter au jour de la rentrée définitive de Frédéric-Auguste à Dresde. Après avoir été prise et reprise, la capitale saxonne voyait son souverain réintégrer enfin le palais royal, abandonné depuis le début de la güerre. Trois mois auparavant, les sujets de Frédéric-Auguste avaient accueilli chaleureusement les Autrichiens; aujourd'hui, ils poussaient avec conviction d'unanimes vivats sur le passage du monarque qui venait de prouver hautement sa fidélité à la cause française. Ce n'était pas que les sentiments du peuple eussent changé. Les Saxons gardaient toujours un cœur hostile au César humiliant la race germanique, mais leur amour pour leur roi ne souffrait nullement de divergences politiques qui, en d'autres pays, eussent suffi dès le premier jour à détrôner le souverain. Le loyalisme des Saxons se révélait une fois de plus, et, comme on le verra, il devait rester inébranlable. En dépit des occasions les plus favorables de révolte contre les Français : prosélytisme du Tugendbund, détresse financière, désastres de la guerre de Russie, trahisons successives de nos alliés, tâtonnements de Frédéric-Auguste en 1813, il était écrit que l'affection de ce peuple allemand et luthérien pour un roi catholique et inféodé à la fortune napoléonienne ne subirait aucune atteinte. Une occasion célèbre entre toutes montra un désaccord certain entre les affections du souverain et les désirs populaires; ce fut la défection de Leipzig. Frédéric-Auguste s'y opposa de toutes ses forces. Et cependant ce fait tristement historique n'altéra nullement la pureté de ces sentiments modèles de fidélité dynastique. A ce propos, il semble que, sans trop empiéter sur les événements futurs, ce soit ici le lieu de noter une des causes déterminantes de l'abandon définitif des aigles françaises par l'armée saxonne.

C'est au mois de mars 1809 que Bernadotte, nommé généralissime de l'armée saxonne « sur là demande [1] » de Frédéric-Auguste, avait pris, à Dresde, possession de son commandement. A défaut de grandes batailles gagnées, le prince de Ponte-Corvo montrait derrière lui une carrière remarquable à plus d'un titre. A l'armée de Sambre-et-Meuse, ainsi qu'à celle de l'Ouest, il s'était incontestablement distingué. Mayence, Fleurus, Juliers, Gradisca, lui constituaient de glorieuses étapes. Après le traité de Campo-Formio, envoyé comme ambassadeur à Vienne, l'ancien sergent du Royal-Marine y avait déployé de réelles qualités diplomatiques. Chez le ministre de la guerre de l'an VII, on avait pu admirer des capacités peu communes d'organisateur. Et malgré tout, ce n'est pas à son seul passé de militaire et de négociateur que Bernadotte avait dû d'être compris dans la première promotion des maréchaux d'empire. Napoléon qui, toute sa vie, afficha volontiers le principe de s'affranchir, dans les affaires d'État, de l'influence des femmes, s'était montré, à cette occasion, en contradiction flagrante avec lui-même. Car, à l'entendre, ce fut en considération de l'épouse de Bernadotte qu'il fît ce dernier maréchal et prince [2]. Sans doute avait-il été agréable au puissant empereur de se venger ainsi des dédains passés de Désirée Clary pour le petit lieutenant Bonaparte. Sans vouloir aucunement critiquer les mérites personnels de Bernadotte, la boutade de Napoléon semblerait justifiée par ce fait qu'aucune sympathie ne le portait vers celui qui, après avoir refusé de concourir au renversement du Directoire, avait comploté contre lui sous le Consulat. Plus tard, les dissentiments n'avaient fait que s'accentuer. Ce qui avait perdu Moreau, c'était l'influence néfaste de M Hulot ; de même, l'incommensurable jalousie de Bernadotte était excitée par celle de sa femme. Dans cette Grande Armée, dont ses magnifiques régiments amenés du Hanovre avaient constitué le 1er corps, le prince de Ponte-Corvo osait s'intituler orgueilleusement « le héros d'Austerlitz », et bientôt on put l'entendre se plaindre à tout venant de l'ingratitude de l'empereur, jaloux, disait-il, de ses succès de Schleist et de Halle [3]. A

[1] Expressions mêmes du rapport de Bourgoing.
[2] *Mémorial de Sainte-Hélène*, t. V.
[3] Notes Gersdorf. *Souvenirs inédits du chevalier de Cussy.*
D'après le général Gourgaud, la conduite de Bernadotte à Iéna ne fut pas conforme à celle dont se targue le maréchal. Dans une lettre adressée en

son arrivée en Saxe, Bernadotte s'était vu splendidemen accueilli par un corps d'officiers enthousiastes des gloires impériales. Le maréchal avait fort à faire pour régénérer l'armée de Frédéric-Auguste, et peut-être Napoléon avait-il envisagé sans déplaisir les difficultés presque insurmontables, selon lui, auxquelles devait se heurter son lieutenant. Mais l'admiration professée à Dresde et dans les milieux militaires pour l'invincible empereur avait produit des miracles et déjoué elle-même de malins calculs. Dans le nouveau généralissime de l'armée saxonne, on avait retrouvé l'ex-ambassadeur. Vis-à-vis d'officiers inexpérimentés, mais pleins de bonne volonté, le rude guerrier avait usé et abusé des éloges, et, devant la cour, le farouche jacobin d'antan s'était plié à d'adroites flatteries. Si bien qu'au début de la campagne de 1809, Bernadotte était l'idole des troupes saxonnes, au regard desquelles il incarnait la glorieuse épopée, tout autant que Napoléon lui-même.

Or, le prince de Ponte-Corvo, à la tête des 20,000 Saxons formant le 9ᵉ corps de la Grande Armée, s'était mis en marche et avait longé les frontières de la Bohème occidentale. Des mouvements ultérieurs le font entrer en ligne à la gauche de notre front, sous les ordres immédiats de l'empereur. Le 4 juillet, pendant la nuit, le contingent saxon, posté à Raasdorf, en arrière de Wagram, commet une déplorable méprise. Il reçoit à coups de fusil les soldats du prince Eugène battant en retraite de son côté [1]. Le 5, Bernadotte attaque trop tard Wagram. Le 6 enfin, à Gross-Aspern, les Saxons sont culbutés par l'archiduc Charles, et évacuent l'importante position d'Aderklau. Qu'on juge de la colère impériale, quand, le lendemain de cette victoire si chèrement achetée, le prince de Ponte-Corvo, faisant allusion à la destination directement donnée la veille par l'empereur à la division du général Dupas et à la cavalerie saxonne, ose dire à Napoléon en personne : « Un acte de déloyauté ou de

mars 1823 au général saxon de Gersdorf, il écrira : « .... A la bataille d'Iéna, il (Bernadotte) refuse, sous les plus futiles prétextes, de soutenir le corps du maréchal Davoust attaqué par les trois quarts de l'armée prussienne. Il cause ainsi la mort de cinq à six mille Français et compromet le succès de la journée.... » *Mémorial de Sainte-Hélène*. Appendice.

[1] Le corps du prince Eugène fut décimé dans cette fatale méprise. Quant aux Saxons, ils perdirent eux-mêmes cinq à six cents hommes, dont une quarantaine d'officiers, parmi lesquels le général de Hartisch.

trahison a failli me faire perdre hier le fruit de trente années de bons services. C'est au courage de mes intrépides Saxons, à l'héroïsme de leurs chefs, que je suis redevable de vous avoir conservé le terrain où nous sommes.... » Et, deux jours après, le 9 juillet, estimant que les troupes saxonnes sont, dans le bulletin impérial, injustement privées de leur part de gloire, Bernadotte en consigne les titres dans un rapport détaillé à Frédéric-Auguste, et, contre l'usage reçu, lance de son bivouac d'Enzensdorf une proclamation spéciale au 9e corps, dans laquelle il le qualifie de « colonne de granit !.. . »

Nous tenons à le répéter : nous n'entreprenons point ici d'apprécier la conduite des troupes qui avaient été confiées au maréchal, pas plus que le bien ou le mal fondé des véhémentes protestations de Bernadotte. Contentons-nous de dire que l'empereur saisit cette occasion d'*accorder* un congé au prince de Ponte-Corvo. Celui-ci ne s'en dissimule pas la signification. Il part, le cœur ulcéré, laissant ses Saxons désolés et bientôt aigris par la disgrâce d'un chef sans reproche, selon eux. Dès ce moment, si l'armée de Frédéric-Auguste considère toujours Napoléon comme le dieu de la guerre, elle se laisse volontiers gagner par les agissements du Tugendbund qui, jusque-là, n'avaient pénétré que dans la population civile ; son dévouement à la cause française subit un rude coup, et, petit à petit, on le verra s'affaiblir et disparaître, tandis qu'a grandi, par contre, son affection pour Bernadotte, l'impeccable chef dont le souvenir vivace sera évoqué dans les cœurs saxons, entouré d'une auréole de persécuté, presque de martyr. Ainsi que le dira le lieutenant général de Gersdorf : « Napoléon est toujours pour les Saxons le grand homme de la guerre ; ils sont prêts à manœuvrer sous son commandement. *Mais les Français ne leur semblent plus des amis véritables.* Bernadotte est tout pour les Saxons. Quel est le soldat qui ne se ferait tuer pour lui !? » Un des hommes les plus spirituels de ce temps, le prince de Ligne, exprimera la même idée lorsque, sous couleur de consoler l'ar-

---

[1] *Souvenirs inédits du général de Cussy.*
Il est évident que lorsque le général de Gersdorf dit « les Saxons, » il veut parler des *troupes* et non de l'ensemble du peuple saxon qui, comme on le sait, ne témoignait plus depuis longtemps un grand enthousiasme pour la cause française.

chiduc Charles de sa défaite, il lui tiendra ce propos : « Votre empereur et Napoléon ont perdu : l'un, sa capitale ; l'autre, l'affection de tout un peuple !.... » Aux petites causes les grands effets. *Bernadotte envoyé en congé après Wagram.* La genèse de la défection de Leipzig tient dans ces quelques mots.

VIII.

Le traité de Vienne, sans satisfaire le cœur de Frédéric-Auguste, flattait son amour-propre de souverain. Si son royaume de Saxe n'était doté que de quelques enclaves de la Lusace, son grand-duché de Varsovie était en effet augmenté de la Galicie. Et cependant, jamais plus qu'à ce moment Frédéric-Auguste n'éprouva l'amertume de la lutte livrée en son âme, entre ses affections saxonnes et le penchant qu'il tenait de ses aïeux pour la chevaleresque Pologne. A peser les récompenses personnelles, il ne semblait pas que l'armée de Bernadotte eût à se plaindre ; mais, à considérer les maigres acquisitions de territoire de sa chère Saxe en regard du notable arrondissement du grand-duché, le cœur de Frédéric-Auguste saignait. Malgré tout, il est permis de croire que cet intègre monarque dut mesurer impartialement la différence des services rendus jusqu'ici à la cause française par chacun des deux peuples qu'il gouvernait.

Selon leur glorieuse coutume, les Polonais s'étaient particulièrement distingués au cours de la campagne. Les succès de l'archiduc Ferdinand dans le grand-duché de Varsovie n'avaient été qu'éphémères, et, sans se laisser décourager par l'attitude de nos alliés russes, refusant, au mépris de formels engagements, de les secourir, les vaillants soldats s'étaient bientôt ressaisis. Le 8 mai, Poniatowski avait battu les Autrichiens à Gora ; le 13, il les écrasait à Sandomir, pendant que, de son côté, Dombrowski repoussait l'ennemi sur la basse Vistule. A la fin de ce mois, l'armée polonaise était à Brody, sur les confins de la Volhynie. La paix triomphale était venue. Dombrowski restait toujours le général Dombrowski ; Poniatowski recevait de l'empereur le grand cordon de la Légion d'honneur et un sabre d'une richesse merveilleuse ; la reine de Naples, Caroline, annonçait qu'elle al-

---

[1] *Souvenirs inédits du chevalier de Cussy.*

lait broder pour le héros un schako de uhlan, mais plusieurs
années devaient s'écouler avant que ce dernier et illustre rejeton
d'une famille royale reçût le bâton de maréchal de l'Empire.
Dans les rangs saxons, on voyait au contraire les Funck et les
Thielman recevoir de l'avancement, en considération de services d'ailleurs réels ; et tout au long d'ordres du jour dictés par
lui, Frédéric-Auguste félicitait ses troupes « d'avoir illustré la
patrie et montré leurs qualités guerrières [1]. »

L'Autriche abaissée, une Prusse annihilée, une Russie déçue
par nos succès, ce spectacle était fait pour plaire aux Polonais.
La Galicie restituée, ils croyaient plus que jamais à la reconsti-
tution de leur antique royaume, entrevoyaient avec confiance et
orgueil la dernière pierre de l'édifice national, grande œuvre de
réparation à laquelle, selon eux, s'était consacré Napoléon.
Quant à l'armée saxonne, grisée par les compliments du prince
de Ponte-Corvo et les récompenses libéralement distribuées par
son roi, elle se sentait sincèrement éprise du renom militaire des
aigles victorieuses. Ah ! quand à leur tête réapparaîtrait Bernadotte !.... Devant les manifestations de son entourage avide de
gloire, l'homme pacifique qu'était Frédéric-Auguste dut parfois
être bien étonné. Aux yeux de tous, ne le comptait-on pas pour
le plus fidèle ami du dieu de la guerre ?.... Noyé dans les rayons
de l'éblouissante épopée, il vivait des rêves assurément inattendus. Et Frédéric-Auguste allait s'avancer, monter à la suite du
grand allié, plus haut encore dans cette voie jonchée de lauriers,
voie resplendissante, si peu faite pour lui.

A peine le traité de Vienne signé, Frédéric-Auguste était pressenti sur le désir de Napoléon de le voir bientôt à Paris. Après
son récent et pénible exode, rien ne pouvait en ce moment être
moins agréable au monarque saxon qu'un long voyage, fût-ce
un voyage dans la capitale impériale ; et Bourgoing, comme
Pilsach, eurent alors à faire preuve de toute leur habileté de di-
plomates. L'ancien Électeur n'avait rien à refuser à celui qui, l'as-
sociant à son étonnante fortune, l'avait fait roi et le comblait à
toutes occasions. A l'ébahissement des paisibles Saxons, Frédéric-Auguste se décidait donc à quitter ses douces et familiales
habitudes du palais royal et, dans les derniers jours du mois de

---

[1] Notes Gersdorf. *Souvenirs inédits du chevalier de Cussy.*

novembre, il mettait pied à terre devant les Tuileries. Pour un monarque aussi peu curieux [1], et d'humeur aussi casanière que Frédéric-Auguste, ce fait de se transporter à une telle distance de Dresde devait sembler presque extraordinaire, et, comme le doge génois débarqué à Versailles du temps de Louis XIV, il eût pu s'écrier en toute sincérité : « Ce qu'il y a de plus étonnant, c'est de m'y voir [2]. »

On raconte que le grand maître des cérémonies de l'empereur, le comte Louis-Philippe de Ségur, étant, à cette même époque, arrivé en retard au lever de Napoléon, ce dernier l'avait vertement réprimandé ; mais le coupable s'en était tiré avec infiniment d'esprit : « Sire, avait-il répondu, aujourd'hui on n'est pas maître de circuler dans les rues. Je viens d'avoir le malheur de donner dans un *embarras de rois* dont je n'ai pu sortir plus tôt. Voilà la cause de ma négligence ! » En effet, l'on pouvait voir alors à Paris tous les princes de la Confédération du Rhin et un nombre considérable de rois, tels que ceux de Bavière, de Saxe, de Wurtemberg, de Westphalie, de Hollande et de Naples.

Frédéric-Auguste avait-il été mandé à Paris pour y grossir le cortège de souverains gravitant autour du maître ? Ou bien Napoléon avait-il voulu mettre à profit ses relations de profonde amitié avec le roi de Saxe, pour l'entretenir en particulier de divorce et de nouveau mariage, projets à la réalisation desquels convergeaient depuis longtemps toutes ses pensées ?.... A notre croyance, ni archives ni chancelleries ne possèdent la preuve de démarches officielles faites par le cabinet impérial pour remplacer Joséphine par la fille du roi de Saxe. Mais, d'après les témoignages des contemporains, on peut déduire que Napoléon avait réellement songé à élever au rang d'impératrice des Français la modeste et vertueuse princesse Auguste. Dans le *Mémorial de Sainte-Hélène*, Las Cases fait vaguement allusion aux conseils de Louis Bonaparte, de Clarke et du cardinal Fesch dans ce sens. Un notable personnage, dont il a été plusieurs fois

---

[1] Dans ses souvenirs inédits (souvenirs auxquels nous faisons de fréquents emprunts au cours de cette étude), le chevalier de Cussy, qui fut secrétaire d'ambassade à Dresde à la fin du règne de Frédéric-Auguste, note comme une chose étrange mais certaine, que ce roi, *bien que protégeant les arts, n'avait jamais mis les pieds dans aucun des musées de sa capitale !*

[2] *Mémorial de Sainte-Hélène*, t. V.

question en ces pages, le marquis de Bonnay, rapportera quelques années plus tard la déconvenue ressentie par l'entourage de François Ier, quand Narbonne, pour vaincre les hésitations de l'empereur d'Autriche, fit négligemment remarquer que le désir de son maître était surtout d'avoir postérité, et « qu'à défaut d'une épouse d'une race aussi illustre que celle des Habsbourg, il pourrait bien avoir des enfants légitimes avec une personne saine et bien constituée comme la princesse Auguste [1]. » Étant ministre de France à Dresde sous Charles X, le comte de Rumigny [2] entendait souvent le prince Antoine de Saxe, parlant de sa nièce Auguste, dire avec emphase : « Le roi (de Saxe) aurait pu choisir pour elle entre deux trônes d'impératrice [3]. » Étrange caprice de la destinée! La simple et douce princesse Auguste, qui mourut vieille fille, avait été en effet officiellement demandée en mariage par l'empereur d'Autriche en 1808 ; mais Napoléon s'était formellement opposé à cette union [4]. Et c'était ce même François Ier qui, deux ans après, donnait sa propre fille à l'empereur des Français !

Pendant son séjour à Paris, Frédéric-Auguste avait été comblé d'égards et de prévenances par le vainqueur de l'Europe. Aussi son admiration et sa reconnaissance atteignaient-elles aujourd'hui leur apogée. Si bizarre que cela puisse paraître, il était même heureux pour la sérénité de l'alliance franco-saxonne que le projet de mariage de Napoléon avec la princesse Auguste fût plus ou moins resté secret. Catégoriquement pressenti sur une pareille union, le roi de Saxe ne se fût pas laissé griser par l'orgueil. Certes, il n'eût point été influencé par les propos ridicules tenus, dit-on, par l'impératrice douairière de Russie [5],

[1] *Souvenirs inédits du chevalier de Cussy.*

[2] Gendre du maréchal Mortier. Il devint pair de France.

[3] *Souvenirs inédits du chevalier de Cussy.*

[4] « J'ai perdu, disait Napoléon à Sainte-Hélène, les destinées de cette pauvre bonne princesse Auguste, et j'ai eu bien tort. Revenant de Tilsitt, je reçus à Marienverder un chambellan du roi de Saxe qui me remit une lettre de son maître. Il m'écrivait : « Je viens de recevoir une lettre de l'empereur d'Autriche qui me demande ma fille en mariage. Je vous envoie cette lettre pour que vous me disiez la réponse que je dois faire. » A mon arrivée à Dresde, je condamnai ce mariage et l'empêchai. J'ai eu grand tort. Je craignais que l'empereur d'Autriche ne m'enlevât le roi de Saxe, mais au contraire, c'est la princesse Auguste qui m'eût amené l'empereur François, et je ne serais pas ici.... » *Mémorial de Sainte-Hélène*, t. II.

[5] Lors du projet de mariage de l'empereur avec une princesse russe, la

mais lui, si rigide catholique, n'aurait-il pas en cette occurrence suscité aux chancelleries des difficultés imprévues ?....

Quoi qu'il en soit, la raison d'État avait prévalu. Une fille de l'antique et hautaine maison de Habsbourg était appelée à perpétuer la descendance du soldat heureux. Frédéric-Auguste fut un des premiers à se féliciter de cette union, dont la consommation, en lui faisant entrevoir une paix durable, ôtait de son esprit toute crainte de lutte entre son dévouement à Napoléon et ses convictions religieuses.

Douce quiétude chère au cœur du paisible monarque ! Pourquoi devait-elle sitôt s'enfuir et disparaître ?.... A peine Frédéric-Auguste était-il de retour à Dresde qu'il voyait aux cieux de la Saxe et de la Pologne des nuages menaçants s'amonceler et s'épaissir.

IX.

Lors du séjour de Frédéric-Auguste à Paris, le puissant empereur des Français et le modeste souverain saxon n'avaient pas, on le présume, parlé seulement du grand événement dont s'entretenait l'Europe entière, le prochain mariage de Napoléon. Devant l'insistance de Frédéric-Auguste pour la possession tant convoitée d'Erfurt et ses doléances sur la déplorable situation financière du grand-duché, le cabinet des Tuileries jouait l'étonnement. Les territoires saxons n'avaient-ils pas été arrondis, et n'existait-il pas une convention de Bayonne ? L'allié de Napoléon était vraiment difficile à satisfaire.... Et déjà Champagny, prenant l'avantage, faisait pressentir à Pilsach [1] les légitimes *desiderata* du maître, en retour des bénéfices obtenus. Une augmentation des effectifs saxons s'impose. Quant au blocus continental, Frédéric-Auguste ne doit point en oublier les prescriptions.

La période de paix désirée et enfin venue n'apportait pas le repos au monarque saxon. Il était écrit qu'une vie errante, vie

veuve de Paul Ier, des plus passionnées contre Napoléon et livrée à toutes les absurdités et aux contes ridicules répandus sur sa personne, s'était, paraît-il, écrice : « Comment marierais-je ma fille à un homme qui ne peut être le mari de personne ? Un autre homme viendra donc dans le lit de ma fille si l'on veut en avoir des enfants ?.... Elle n'est pas faite pour cela. » *Mémorial de Sainte-Hélène*, t. IV.

[1] Senfft de Pilsach avait succédé comme ministre des affaires étrangères de Saxe au vieux comte de Bose, décédé en 1809.

peu en rapport avec son caractère, serait désormais son lot. Dans le courant de 1810, encore couvert de la poussière de son voyage de France, Frédéric-Auguste emmenait en Pologne la famille royale à peine remise des émotions de la guerre. Il avait à cœur de prouver sa fidélité à Napoléon. Poniatowski était parti pour Paris, chargé des félicitations de la cour saxonne pour le prochain mariage de l'empereur. Ainsi que nous l'avons dit plus haut, aucune arrière-pensée de regret ne se dissimulait sous ces compliments officiels. Par les égards et les prévenances que lui avait à maintes reprises témoignés Napoléon, Frédéric-Auguste se trouvait suffisamment payé de son dévouement. Une alliance plus intime avec le vainqueur de l'Europe eût accru peut-être son prestige, mais, dans sa sagacité, il ne l'eût pas envisagée sans crainte. Comme le prince de Ligne, il était de ceux qui pensaient « qu'un pareil gendre ne serait pas commode ! ».

Maintenant que Gersdorf, l'un des chefs les plus justement estimés et aussi les plus enthousiastes de notre cause, avait virtuellement pris en mains la direction des affaires militaires de la Saxe, Frédéric-Auguste s'acheminait donc vers Cracovie. En dehors de la satisfaction procurée à sa conscience par l'accomplissement de ses devoirs de souverain — et le roi de Saxe n'était pas homme à y faillir, — qu'espérait-il de ce nouveau voyage en Pologne ? Compatissant sincèrement aux longs malheurs de ce pays, à une détresse financière lui apparaissant insurmontable, en dépit des encouragements et des semi-promesses du grand allié, il est probable que Frédéric-Auguste, à défaut de résultats pratiques, escomptait tout au moins des acclamations consolantes, des vivats empressés. Une cruelle déception l'attendait.

Dans l'esprit de Napoléon, aux bouillants Polonais il fallait un monarque réservé comme Frédéric-Auguste. Condition nécessaire d'une difficile administration, la pondération cependant ne suffisait pas. Du haut en bas de l'échelle sociale, les Polonais, ayant déjà à reprocher au gouvernement russe sa duplicité pendant la récente campagne, étaient en outre révoltés par les confiscations dont nombre d'entre eux étaient frappés par le cabinet de Saint-Pétersbourg, qui ne prenait plus la peine de cacher son hostilité

<hr>

1 *Souvenirs inédits du chevalier de Cussy.*

à la cause française [1] ; et s'ils avaient souhaité la venue de Frédéric-Auguste, c'était dans l'espoir de lui faire partager leurs alarmes et leurs griefs. Or, qui trouvaient-ils pour écouter leurs doléances indignées ? Un monarque dont le caractère ne tendait qu'à pousser la conciliation à l'extrême, ou des conseillers, bien intentionnés mais prudents, comme Bourgoing et Pilsach, encourageant Frédéric-Auguste à modérer l'effervescence de la nation. Au lieu de répondre à l'enthousiasme belliqueux des Polonais, le grand-duc ne songeait qu'à remédier à la détresse de ses sujets, s'appliquait à chercher une issue possible dans le dédale de la convention de Bayonne, cette mesure déplorable. Loin de s'aplanir, les difficultés d'une fausse situation qui durait depuis deux ans s'accentuaient. Malgré tout, Frédéric-Auguste se raidissait contre la fatalité, voulant croire au salut. A Napoléon tout n'était-il pas possible ?.... Mais le conquérant pensait avoir assez fait pour la Pologne. Et bientôt vint l'instant où le grand-duc, ce souverain si désireux d'adoucir les maux de ses sujets et qui eût tant souhaité la réalisation de leurs espérances, passa aux yeux des patriotes pour un monarque non seulement indifférent à leur sort, mais hostile aux vœux nationaux. Digne à tous égards des sympathies des fiers et turbulents Polonais, Frédéric-Auguste se trouvait, par un cruel malentendu, définitivement rejeté de leurs cœurs.

Mécontentement et exaltation des Polonais, conduite équivoque d'Alexandre, mauvais vouloir de la Prusse, envenimant à plaisir les disputes sorties de la fatale convention de Bayonne, c'en était assez pour faire sentir à Frédéric-Auguste que la paix n'était pas durable, et il dut se dire alors que, pris entre ses attaches allemandes et ses affections napoléoniennes, les dures épreuves allaient redoubler. Rentré à Dresde, le sagace Bourgoing venait de laisser tomber devant Gersdorf quelques graves paroles : « Tout craque ; cela sent la poudre [2]. »

Brillant de l'éclat de ses victoires, ébloui par un mariage trompeur, Napoléon n'entendait pas désarmer devant l'indomptable résistance de l'Angleterre. Le 5 août de cette année 1810, le décret de Trianon aggravait les rigueurs du blocus continen-

---

[1] Dès le début de l'année 1810, un ordre du tsar rappelle en Russie tous les Polonais y possédant, sous peine de confiscation de leurs biens.

[2] *Souvenirs inédits du chevalier de Cussy.*

tal. Frédéric-Auguste acceptait depuis longtemps l'infaillibilité
de son illustre allié, et, dans son entourage, il approuvait un
système dont le but était de réduire une orgueilleuse nation,
mais, confiant dans l'affection du grand homme, il avait jusqu'ici
réussi à soustraire ses sujets à des mesures dont l'application
serait la ruine du pays. C'est ainsi que, en son inconscient égoïsme
de roi modèle, raisonnait Frédéric-Auguste. Or, Napoléon ne
l'entendait pas ainsi. Ami ou ennemi. Pas de milieu. Ses alliés
n'étaient pas des neutres. Ils devaient sacrifier leurs intérêts
particuliers au but général. Dans le nord de l'Allemagne, le maréchal Davoust le fit bien voir, en procédant à des perquisitions
ridiculement minutieuses et en faisant brûler sans hésiter toutes
les marchandises d'origine suspecte.

De pareilles mesures, qui frappaient à mort un pays industriel
comme la Saxe, étaient — le croirait-on ? — prescrites par le
ministre Pilsach lui-même [1]. Jusqu'à ce jour, les pacifiques populations saxonnes s'étaient montrées, devant les menées des
sociétés patriotiques de l'Allemagne, hésitantes, réfractaires
même. Aujourd'hui elles leur devenaient favorables. Le Tugendbund pouvait se réjouir.

Napoléon venait de réunir la Hollande à l'empire. Bientôt il
annexait le grand-duché d'Oldenbourg, puis les villes hanséa-
tiques. Où s'arrêterait-il ?.... De toute une Allemagne en proie à
une profonde détresse financière et commerciale, montait une
fermentation à laquelle le conquérant restait sourd ; car le fidèle
Bourgoing lui-même tombait parfois dans ce travers si répandu
chez les agents de l'empereur, voire les plus sûrs : tenir cachées
les nouvelles désagréables. Quant à Frédéric-Auguste, il n'avait
besoin de personne pour voir l'abîme se creuser de plus en plus,
et pour constater que rien que la force ne maintenait dans le
parti de la France tous ces pays conquis ou annexés. Pourquoi
donc, dira-t-on, le roi de Saxe n'avertissait-il pas son allié ?....
Les ambitions orgueilleuses de Napoléon semblaient avoir at-
teint le faîte.... Peut-être eût-il écouté cette voix amie.... Le si-
lence de Frédéric-Auguste s'explique. Il avait déjà imploré
l'appui de l'empereur pour les finances du royaume et du grand-

[1] « .... Les marchandises coloniales et autres, provenant du commerce
anglais, seront mises sous séquestre.... » Pilsach à Talleyrand, octobre 1810.

duché. Pour venir en aide à ses sujets, il avait largement puisé dans ses caisses personnelles, avait abandonné aux universités saxonnes la jouissance de ses revenus de l'ordre teutonique [1]. Devant le déficit effroyable et toujours grandissant, tout cela, ce n'étaient que quelques gouttes d'eau dans la mer. Et Frédéric-Auguste constatait tristement l'impopularité s'attachant en Saxe au nom de Napoléon, la misère croissante et le malaise général de ses peuples, dont la ruine ne profitait qu'aux bailleurs de fonds à gros intérêts, c'est-à-dire aux seuls juifs. Comment mettre fin à une situation qui fatalement s'aggravait chaque jour ?.... Alors, en face du despotisme de Napoléon, Frédéric-Auguste considérait la louche attitude de la Russie. Cette puissance massait ses troupes sur les frontières de la Pologne, et, en toute sincérité, de même que François Ier en 1809, aujourd'hui Alexandre lui semblait un agresseur dont les coupables procédés méritaient, selon lui, la colère de l'invincible empereur. N'est-il pas étrange de noter qu'au printemps de 1811, la guerre, non seulement apparaissait inévitable à l'honnête et paisible Frédéric-Auguste, mais que cette guerre, il la considérait comme le juste châtiment encouru par le tsar ; et c'était aussi l'unique moyen de sortir de l'impasse où lui, roi de Saxe et grand-duc de Varsovie, était engagé ?.... Sur ce seul point, ses sentiments étaient conformes à ceux des Polonais.

Les Saxons reprochaient amèrement à leur roi de favoriser à leur détriment les sujets du grand-duché. C'était Poniatowski qui avait été complimenter Napoléon à l'occasion de son mariage ; c'était encore un Polonais, le comte Zamoïski, que Frédéric-Auguste avait député à Paris lors de la naissance du Roi de Rome. Poursuivi par la jalousie de ses chers Saxons, le monarque attristé partait de nouveau pour Varsovie, dans l'ultime espoir d'y réchauffer son ardeur guerrière. L'indifférence qui lui fut témoignée dans ce voyage lui fut d'autant plus cruelle qu'il n'avait plus pour le consoler le sage Bourgoing, mort dans l'été

[1] « Les biens de l'ordre teutonique en Saxe étant dévolus au roi de Saxe en vertu de l'article 12 du traité de Vienne, Sa Majesté n'en a pas moins laissé la jouissance au commandeur et les a réunis depuis, non à son domaine, mais à la dotation des Universités saxonnes, sauf la somme arrêtée dans un arrangement postérieur pour servir d'indemnité aux chevaliers investis de l'expectative. » *Exposé de la marche politique du roi de Saxe.*

de cette année. Le vieux diplomate avait été remplacé par le baron de Serra, Génois d'origine, qui, tout habile qu'il fût, manquait du tact parfait caractérisant son prédécesseur [1].

Pendant qu'en Saxe les sociétés patriotiques recrutaient des adhérents de plus en plus nombreux, tout était à la guerre. L'actif Gersdorf n'omettait aucun détail et continuait une nouvelle réorganisation de l'armée, tenue en haleine par des chefs jeunes et dévoués à notre cause. Reynier venait d'arriver à Dresde prendre le commandement du contingent. Du côté de la Pologne, Poniatowski procédait sans peine à des augmentations d'effectifs, et le général français Haxo veillait à la mise en état des forteresses.

On nous en voudrait de nous appesantir sur les mille incidents militaires et diplomatiques qui précédèrent la désastreuse campagne de Russie; mais, ce qu'il importe de constater en cette étude, c'est qu'au début de 1812, les caractères des personnages qui nous occupent sont renversés. Frédéric-Auguste voit arriver la guerre, sinon volontiers, du moins comme un mal nécessaire, ainsi que le patient considère l'opérateur qui va le soulager. Napoléon, au contraire, tergiverse, hésite. Ce pressentiment, que les immensités de l'empire moscovite lui seront fatales, le hante. Déjà, en 1807, après le triomphe de Friedland, il n'a pas osé franchir le Niémen Le puissant empereur continue ses négociations avec Alexandre, lui propose l'abandon de l'Orient. Il indemnisera le grand-duc d'Oldenbourg par Erfurt et de notables arrondissements. Peut-être même ira-t-il jusqu'à sacrifier la Pologne !.... Devant le dénouement attendu et inévitable, Napoléon le conquérant recule, recule toujours....

Cependant, muni de ses instructions secrètes, le perspicace Narbonne tentait une démarche suprême, essayait de tirer au clair la politique du tsar. Attente angoissante et insupportable pour celui qui, jusqu'ici, avait parlé en maître !.... Et brusquement, le 9 mai, après avoir fait signer par le Sénat le décret de mobilisation des gardes nationales, Napoléon décida le départ de la cour pour Dresde. Là, il serait plus à portée des événements.

---

[1] « M. de Serra succéda au baron de Bourgoing, mais il ne le remplaça pas complètement. M. de Bourgoing était *irremplaçable*. » *Souvenirs inédits du chevalier de Cussy.*

X.

Napoléon avait quitté Paris, emmenant l'impératrice, sa maison militaire et sa maison civile. Il avait résolu de manifester sa puissance aux yeux du monde, en déployant dans la capitale saxonne une grande magnificence.

Il existe plusieurs documents concernant le séjour des souverains français à Dresde. Les plus curieux sont certainement des notes journalières et anonymes, semblant émaner de fonctionnaires saxons à l'adresse de Duroc [1]. Rien mieux que ces rapports ne peut donner une idée du prestige napoléonien à cette époque.

Frédéric-Auguste avait envoyé d'avance à Plauen, pour y recevoir ses illustres hôtes, le baron de Friesen [2] et le général de Gersdorf. Le samedi 16 mai, le roi et la reine de Saxe, qui s'étaient rendus la veille à Freyberg, arrivèrent à Dresde avec l'empereur et l'impératrice, « après onze heures du soir, tandis qu'on fit une décharge d'artillerie de cent coups de canon et au son de toutes les cloches, en passant par une haie formée d'une garde française qui se trouvait à Dresde, de la garnison d'ici et des gardes nationales, depuis la barrière de Freyberg jusqu'au château [3] .... » Le dimanche 17, « vers le midi, on chanta dans toutes les églises de la capitale, pour l'heureuse arrivée de Sa Majesté impériale et royale, le *Te Deum*, pendant la décharge de trois fois douze, ainsi que de cent coups de canon, et une triple décharge de mousqueterie des gardes grenadières.... A quatre heures et demie, S. M. l'Empereur des Français daigna faire une visite chez S. M. la reine, puis chez l'épouse du prince Antoine, et chez S. A. R. la princesse Élisabeth [4].... » Les monarques autrichiens sont arrivés à Dresde le lendemain de l'entrée triomphale du couple impérial. Napoléon est ici le maître. Chaque jour, « il y a lever chez S. M. l'empereur de France [5]. »

[1] *Bibliothèque nationale.* Papiers de l'Empereur et fonds fr. 3599. La *Nouvelle Revue rétrospective* de juillet 1900 a publié une partie de ces curieux rapports.

[2] Grand chambellan du roi de Saxe.

[3] *Bibliothèque nationale.* Rapport cité plus haut.

[4] *Ibid.*

[5] *Ibid.*

Fêtes et galas se succèdent sans interruption. Les fonctionnaires saxons notent avec admiration, le 20 : « A quatre heures, S. M. l'empereur de France sortit en voiture avec S. M. la reine de Westphalie, et daigna honorer la ci-devant vigne de Findlater [1].... » Le 25, toute la cour s'est rendue à Moritzbourg pour une partie de chasse. Les souverains de France, d'Autriche et de Saxe sont montés à cheval, escortés par le grand-duc de Wurtzbourg et les autres princes. « On y a couru et tué deux sangliers [2]. »

Ce séjour de Napoléon à Dresde fut, sans contredit, l'époque de sa plus haute puissance. Selon les expressions de Las Cases, il y parut « le roi des rois. » On n'avait d'yeux que pour lui, et il en était à être obligé de témoigner qu'il fallait qu'on s'occupât de l'empereur d'Autriche, son beau-père. C'était Napoléon qui fixait l'étiquette et donnait le ton. « Son luxe et sa magnificence durent le faire paraître un roi d'Asie [3]. » Parfois, « il faisait passer François devant lui, et celui-ci en était dans le ravissement [4]. »

Quelles réflexions doit inspirer le récit de ces égards de gendre à beau-père, que le soldat parvenu *daigne* témoigner à l'ancien potentat du Saint-Empire, au chef de l'antique et fière maison de Habsbourg !.... Grandeur et décadence !.... Le jour est proche où Napoléon, lui aussi, pourra méditer sur les vicissitudes humaines !

Oui, Dresde, à cette époque mémorable, avec son faste splendide et ses hôtes illustres, offre un des spectacles les plus étonnants que nous présente l'histoire. L'esprit finit par s'habituer à la présence de l'empereur d'une Autriche vaincue, accouru pour saluer bien bas son vainqueur. Après tout, n'est-il pas là en famille ?.... Mais que dire du roi de Prusse, assistant à ces fêtes données en l'honneur de celui qui, depuis Iéna, l'accabla sans merci ? Il est arrivé le 26, et occupe dans le Taschenberg les appartements du prince Maximilien. Le lendemain, « à onze heures, accompagné du prince royal de Prusse, il fit sa visite chez Sa Majesté l'empereur de France [5]. » Dépouillé par un im-

---

1 *Ibid.*
2 *Ibid.*
3 *Mémorial de Sainte-Hélène*, t. II.
4 *Ibid.*, t. II.
5 *Bibliothèque nationale.* Rapport cité plus haut.

pitoyable conquérant, le malheureux Frédéric-Guillaume n'en était plus à une humiliation près, et, pour sauver les débris de sa couronne, il avait eu le triste courage de venir se presser, avec respect, dans ce cortège de rois. Dures nécessités !.... Mais le roi de Prusse n'avait oublié ni l'abaissement de sa patrie ni la mort de la reine Louise. Comme un cantique de consolation, il entendait des notes discordantes percer, monter du milieu de ces fêtes éblouissantes. C'étaient les acclamations dont le saluait la population saxonne. Et refoulant ses larmes de honte et de douleur, Frédéric-Guillaume se disait que bientôt luirait le jour de la vengeance.

Narbonne était parti pour Wilna, le 24 avril. Le 28 mai, il rapportait à Napoléon les paroles mêmes d'Alexandre : « Le sort d'un empire long et large comme le mien ne dépend point d'une bataille ; ce n'est qu'au fond de la Sibérie que je signerai une paix ignominieuse. » Le lendemain, à trois heures et demie du matin, accompagné du prince de Neuchatel, l'Empereur partait pour l'armée. Le sort en était jeté. Il se lançait dans l'inconnu....

Six mois après, Napoléon passait de nouveau à Dresde, qu'il traversait *incognito* et en hâte. Quel contraste entre cette halte furtive de quelques heures et le séjour du printemps précédent ! Alors, c'était l'accueil triomphal, les représentations grandioses, le concours empressé et les adulations des princes. Maintenant, c'était, en cette nuit lugubre du 14 décembre, l'arrivée inattendue et mystérieuse, puis le départ précipité, presque la fuite.

Accablé sous le poids d'un désastre sans exemple, et sous le coup des fâcheuses nouvelles reçues de Paris [1], Napoléon avait, en effet, remis, le 5 décembre, le commandement de l'armée à Murat. Jugeant sa présence nécessaire dans la capitale [2], il s'était résolu à franchir, coûte que coûte, en pays ennemi, la distance qui le séparait du Niémen, ce fleuve fatal dont le passage avait marqué pour lui l'heure des catastrophes.

---

[1] Conspiration de Malet, 2 octobre 1812.

[2] « En voyant l'Empereur quitter l'armée, le général Delaborde me dit avec son bon sens ordinaire : « Il a raison ; il n'a plus rien à faire ici. C'est en France que son devoir l'appelle sans tarder. Il a comme empereur, à Paris, dix fois plus de valeur qu'au milieu de nous, près d'une armée marchant en désordre. » *Souvenirs intimes du baron de Bourgoing.*

Il faudrait lire en entier la relation du comte polonais Dûnin Wonsowicz [1], pour se rendre compte des périls de cette chevauchée dramatique, que l'on serait tenté de qualifier de romanesque, si elle n'empruntait tant de grandeur à la qualité des personnages.

A Ozmiana, en se jetant dans son traineau, Napoléon avait dit aux lanciers polonais formant son escorte : « Je compte sur vous tous. Marchons ! Observez bien à droite et à gauche de la route. » Puis il avait ajouté : « Dans le cas d'un danger certain, tuez-moi plutôt que de me laisser prendre. » Et les braves Polonais de s'écrier : « Nous nous laisserons plutôt hacher que de souffrir qu'on vous approche [2]. » Cette nuit-là, le thermomètre descendit jusqu'à 28 degrés Réaumur au-dessous de zéro. A quelques lieues d'Ozmiana, le nombre des cavaliers d'escorte était réduit à cinquante ; au point du jour, quand on atteignit la poste de Rownople, les Polonais n'étaient plus que trente-six [3] !... Mais ne nous attardons pas sur les péripéties de cette course audacieuse, accomplie dans une saison et sous une latitude où les nuits durent dix-sept heures, où, souvent privé de toute escorte, le traineau de l'Empereur glissait, isolé, petit point changeant, invisible, perdu dans l'étendue blanche et sans limites.

On arriva ainsi à Dresde, le 14, à deux heures du matin, rue de Pirna, chez le baron de Serra. Voyageant incognito, l'Empereur recommanda de ne pas répandre la nouvelle [4]. Le comte Wonsowicz fut envoyé sur-le-champ au palais du roi. A une heure aussi avancée de la nuit, il fut très difficile à l'envoyé impérial de pénétrer au château. Wonsowicz réussit cependant à se faire introduire jusque dans la chambre à coucher de Frédéric-Auguste, qui, réveillé en sursaut, contempla d'abord avec surprise et un peu de méfiance cet inconnu qui s'annonçait de la part de Napoléon. Les hésitations du monarque saxon ne furent pas de longue durée. Frédéric-Auguste écoutait l'aide de camp impérial, et déjà son cœur compatissant était ému au ré-

---

[1] Un des plus intelligents et dévoués officiers d'ordonnance de l'Empereur le comte Wonsowicz, a écrit sous le titre de *Bamientnicki* (Souvenirs) une relation fidèle de ces événements.

[2] Souvenirs du comte Wonsowicz.

[3] Ibid.

[4] La plupart de ces détails sont relatés dans les *Souvenirs intimes du baron de Bourgoing.*

cit du désastre de nos aigles. Il se leva à la hâte et partit pour la rue de Pirna dans une chaise à porteurs de louage.

Le roi de Saxe se levant brusquement au milieu de la nuit, à la requête d'un inconnu, et disparaissant en chaise de louage, sans dire à quiconque où il allait, c'était une étrange équipée propre à jeter le trouble dans l'antique résidence électorale, soumise à l'étiquette la plus méthodique, au calme le plus uniforme. La reine est effrayée au point d'en avoir une attaque de nerfs. On s'envisage avec effroi, les bruits les plus sinistres se répandent. L'inquiétude diminue lorsqu'on apprend que l'inconnu a été accompagné par un lieutenant des gardes de Frédéric-Auguste. Mais, dans l'intimité du roi, on n'est complètement rassuré que lorsque les porteurs de la chaise rentrent avec l'ordre de faire préparer une voiture de la cour pour ramener au palais le monarque vénéré.

L'entrevue des deux souverains avait été très affectueuse. Racontant à son fidèle allié les principaux événements de la malheureuse expédition, Napoléon ne dissimula aucune faute de cette entreprise, mais montra une ferme confiance dans l'avenir. Bientôt il reviendrait avec une armée formidable.... L'empereur se mit à table et soupa en présence du roi de Saxe. Dès huit heures du matin, il se remettait en route.

Eh quoi! ce fugitif qui avait avec peine échappé à la mort et à la captivité, cet homme qu'il venait de voir en cachette, c'était le puissant souverain qui, quelques mois auparavant, avait honoré de sa présence une capitale encombrée de rois guettant un regard et une approbation de l'hôte redouté.... Au contraste de cette récente apothéose et de l'effondrement soudain, Frédéric-Auguste était frappé de stupeur. La fortune abandonnait-elle donc le capitaine de génie?.... C'est ici qu'il faut rendre hommage à la fidélité du monarque saxon. Il n'ignorait pas l'effervescence de l'Allemagne entière subissant frémissante le joug de fer du conquérant; depuis longtemps, il se rendait compte qu'aux premiers désastres la révolte éclaterait, terrible. Or, les récits de Wonsowicz et sa conversation avec l'empereur l'avaient édifié sur les horreurs de la lamentable retraite. Il comprenait toute l'étendue de la catastrophe ; déjà il entrevoyait le dénouement. Tous les monarques qui, tour à tour, avaient plus ou moins trahi la cause napoléonienne, en voulaient à Frédéric-Au-

gusto, le seul prince allemand dont la loyauté, comme allié de
la France, avait été inaltérable. Frappé d'ostracisme, le roi de
Saxe se savait en butte au mauvais vouloir des cabinets euro-
péens. Qu'il divulguât l'incognito de Napoléon et le fît arrêter,
c'était, sans beaucoup se compromettre, rentrer en grâce près
des cours. Mais la pensée de nuire à celui qui l'avait toujours
traité en ami ne vint pas à l'esprit de l'honnête Frédéric-Auguste.
Il garda son secret et ne prononça pas le mot qui eût pu clore
l'épopée impériale. « O mon roi! s'écriera à ce sujet l'élégiaque
Gersdorf, tu es le fidèle des fidèles ! ! »

Pourquoi, hélas! ne pouvons-nous fermer ces pages sur ces
paroles justement élogieuses?....

XI.

Il semblerait superflu et p: esque naïf de dire que la campagne
de Russie portait une rude atteinte au prestige napoléonien, si
nous ne devions noter ici les conséquences particulières qui allaient en résulter pour l'alliance franco-saxonne.

Lors du court passage de Napoléon à Leipzig, le 15 décembre 1812, le consul de France, M. Théremin, avait ainsi exprimé
à l'empereur le nouvel état d'esprit de l'armée saxonne : « J'ai
vu tout récemment à Leipzig des lettres d'officiers du contingent
saxon qui a fait avec nous la campagne de Russie. Ces officiers
racontent qu'ils ont perdu leurs bagages personnels, et ils en
concluent naturellement, avec beaucoup de mauvaise humeur,
que tout est perdu [2]. » Cette déclaration de M. Théremin avait
d'autant plus de valeur qu'il était l'agent de l'empereur dans
une ville ayant eu moins à souffrir que les autres du poids de la
guerre. Napoléon, poussé par un pressentiment instinctif, avait
en effet, depuis longtemps, affecté de prendre sous sa protection
spéciale les habitants de cette cité industrieuse et lettrée, prin-
cipal centre de la librairie et du journalisme [3]; il connaissait

<hr>

[1] *Souvenirs inédits du chevalier de Cussy.*
[2] *Souvenirs intimes du baron de Bourgoing.*
[3] Parmi les mesures ou décrets étrangers à la politique et à la guerre que
Napoléon data de Moscou, on remarque un ordre adressé le 23 septembre
1812 aux autorités compétentes, pour que l'exemption qu'il avait accordée
deux ans auparavant à la ville de Leipzig, relativement au logement obligatoire des troupes de passage, fût scrupuleusement maintenue.

l'influence que ses écrivains exerçaient sur l'esprit public de l'Allemagne, n'ignorait pas les sentiments de la célèbre université de Leipzig, foyer de ces nombreux érudits qu'il accusait de s'occuper beaucoup plus de politique que de métaphysique, de philologie ou de philosophie, ennemis secrets ou déclarés qu'il désignait fréquemment par le mot *idéologues*.

De la simple phrase de M. Théremin, Napoléon pouvait déduire l'état d'âme des officiers saxons. Jusqu'ici admirateurs du génie de l'empereur, ceux-ci se trouvaient désabusés par les récents désastres. Il n'était donc pas invincible, ce capitaine pour lequel tant d'entre eux avaient péri dans les neiges de la Russie ou sur les champs de bataille de la Moskowa et de Biala ! La gloire de nos armes avait pâli ; elle allait s'effacer peut-être. Pourquoi s'obstineraient-ils, eux Allemands, à combattre et mourir sous les aigles françaises, pour le plus grand profit de Napoléon, au mépris des intérêts et des sentiments de leurs frères germains ?.... Déjà beaucoup d'officiers de Frédéric-Auguste lisaient et commentaient avec passion les libelles gallophobes du Prussien Massenbach. On voyait les plus connus d'entre leurs chefs, comme les Thielman et les Langenau, coqueter avec nos pires ennemis et manifester à tout propos cette mauvaise humeur dont avait parlé le consul de Leipzig. Le malheur avait subitement changé à notre égard les dispositions du contingent saxon. Les tendances s'accentuaient rapidement ; elles devenaient inquiétantes, tournaient à l'hostilité. Si nos auxiliaires n'étaient pas encore mûrs pour la trahison, du moins ils ne demandaient qu'une occasion de se dérober à ce joug napoléonien, naguère porté avec tant d'enthousiasme.

La politique française de Frédéric-Auguste aurait-elle résisté à l'évolution des sentiments de l'armée saxonne ? On peut croire que l'honnête et loyal souverain, s'il eût senti derrière lui l'appui des cabinets prussien et autrichien, eût pu, confiant dans l'inaltérable affection de ses sujets, s'opposer longtemps à une orientation nouvelle. Mais aujourd'hui, l'ancien électeur n'en était plus à deviner la volte-face imminente du roi de Prusse. La défection du général Yorck était significative [1]. D'un autre

[1] Bien qu'en cette étude nous n'ayons point à examiner l'état d'âme du roi de Prusse, il n'est pas inutile de faire remarquer que Frédéric-Guillaume ne

côté, la puissance sur laquelle Frédéric-Auguste comptait tout particulièrement pour le maintien de l'alliance française allait précisément l'influencer dans un sens inattendu.

Travaillée par les idées germaniques qui devaient aboutir au mouvement national de cette année 1813, l'Autriche accusait, depuis l'issue malheureuse de la guerre de Russie, des dispositions incertaines, chancelantes et contradictoires : de la part de l'immense majorité des sujets de l'empereur François, un fonds incontestable de mauvais vouloir ; dans le cœur du monarque autrichien, un sentiment flottant entre l'intérêt que devait lui inspirer le sort de Marie-Louise et l'avenir du Roi de Rome, et d'implacables ressentiments. A Vienne, centre du réseau des intrigues européennes, un parti nombreux s'est formé, hostile à la France et menaçant Metternich d'une chute prochaine s'il ne se jette dans ses bras. M. de Stadion est tout prêt à relever le portefeuille. Dès ce moment, l'ambitieux ministre a adopté une politique à double fin qui doit le maintenir aux affaires, quelle que soit l'issue des événements. Si le cabinet de Vienne demeure fidèle à la France et que celle-ci sorte victorieuse d'une lutte nouvelle, de grands avantages pourront lui être accordés par Napoléon. Que l'Autriche, au contraire, passe dans les rangs de la coalition, la partie ne sera plus égale ; la France sera probablement écrasée et François Ier verra son pays reconquérir ses provinces perdues. De quel côté penchera l'astucieux Metternich?.... Il prolongera, traînera les pourparlers, attendant l'occasion favorable pour se déclarer, ouvertement du moins, car, de fait, l'hostilité des Autrichiens est connue, et il faut être naïf comme Otto ou aveugle comme Serra pour se laisser prendre aux belles paroles de Metternich et ne pas dénoncer à Napoléon les menées d'un cabinet qui, sous le prétexte d'armer à notre profit, met toutes ses troupes sur le pied de guerre. Posée en médiatrice, l'Autriche montre donc une politique toute française par les apparences, mais toute russe et anglaise par le fond. Pendant que Metternich dit à Otto : « Le rétablissement de la paix est le vœu le plus cher de mon pays, » Schwarzenberg,

---

pardonna jamais, dans le fond du cœur, au général Yorck l'exemple de défection donné au monde par les troupes prussiennes, le 30 décembre 1812. Le général Yorck ne fut créé feld-maréchal qu'*honorairement*, en passant à la retraite.

après une entrevue avec le conseiller russe d'Anstett, abandonne la Pologne et se replie sur la Galicie.

Plus franche que l'Autriche, la Prusse vient de se démasquer. Le 21 février, le prince de Hardenberg a signé avec la Russie un traité offensif, et, le 20 mars, Frédéric-Guillaume invite ses sujets à se soulever contre la France, ce qui fait dire à Napoléon, plus perspicace que ses agents : « J'aime mieux un ennemi déclaré qu'un ami toujours prêt à m'abandonner. »

Un des principaux espoirs caressés par Metternich était de détacher Frédéric-Auguste de l'alliance française. A la poursuite de ce but, ce n'était pas tant l'appoint de quelques milliers de soldats qu'il avait en vue que le considérable appui moral que, selon lui, donnerait à la cause de l'Allemagne la défection de l'ancien électeur de Saxe, le plus important souverain de la Confédération du Rhin, cette œuvre napoléonienne qu'il s'agissait de désagréger. Le ministre autrichien avait la partie belle. Pour favoriser ses intrigues, Metternich avait en effet pour lui toute la population et l'armée de ce royaume créé par Napoléon. Et près de Frédéric-Auguste, qui voyait-on pour maintenir le pays dans la voie si fidèlement suivie jusqu'alors ?.... Le prince Antoine, séduit par les avances réitérées de l'Autriche, avait, sans esprit de retour, ainsi que Marcolini lui-même, oublié ses enthousiasmes napoléoniens. Quant au premier ministre, Senfft de Pilsach, lui si longtemps dévoué à notre cause, il était aigri par les mesures maladroites de Davoust [1] et accusait un revirement certain contre les Français. En comptant Frédéric-Auguste, il n'y avait plus, au dire de Gersdorf, que quatre Saxons favorables à notre alliance [2]. Si, au moins, nous avions eu à Dresde, pour contre-balancer l'influence autrichienne, un agent hors de pair ! Mais Bourgoing, « l'irremplaçable Bourgoing, » était, on le sait, mort depuis longtemps, et le baron de Serra n'était pas de taille à le faire oublier. Par ailleurs, le ministre de Frédéric-Auguste à Vienne, le général de Watzdorf, accueilli

[1] Davoust faisait décacheter à la poste la correspondance des principaux fonctionnaires saxons. Le 19 mars, sous le prétexte de faciliter la défense de Dresde, il n'hésite pas à faire sauter deux arches du pont monumental dont les Saxons étaient si fiers.

[2] « 21 mars.... Tous sont contre lui (Napoléon). Mon bon roi, Gablenz, Zeschau et moi, voilà maintenant ses seuls amis ! » Notes Gersdorf. *Souvenirs inédits du chevalier de Cussy.*

avec distinction et adroitement circonvenu par Metternich, renchérissait sur les avantages d'une neutralité devant amener cette paix du monde rêvée par son honnête souverain.

Lors de cette lente évolution qu'accomplissait la politique de la Saxe et dont Serra était peut-être le seul personnage à ne pas s'apercevoir, il ne faut pas voir dans l'âme de Frédéric-Auguste une idée, si vague qu'elle fût, de défection. Le roi saxon n'entend même pas être désagréable à Napoléon. Bien plus, il désire et croit sincèrement lui rendre service, car, ce qu'il espère, c'est amener, par la force des choses, son allié à accepter la médiation de l'Autriche. Frédéric-Auguste ne s'est livré à aucune démarche hostile à la France. Devant les progrès des armées russes, il a quitté Dresde pour Plauen et repoussé les conseils insidieux du général Benkendorf. Les Russes et les Prussiens envahissent la Saxe, il s'enfuit à Ratisbonne. C'est alors que les habitants de Dresde, voyant Reynier évacuer leur ville, ont poursuivi les Français de cris de mort et acclamé l'entrée des Prussiens. Prise de l'enthousiasme national, l'armée saxonne frémit dans l'attente de la délivrance germanique; déjà ses rangs se sont ouverts pour laisser passer les transfuges; les chefs ne guettent qu'un signe, qu'un encouragement de leur roi, pour faire cause commune avec les coalisés. Ce signe, Frédéric-Auguste ne le fait pas. A ce moment, il révèle même une énergie insoupçonnée en prescrivant à ses généraux de n'obéir qu'à ses ordres personnels. S'il a refusé à Durutte, puis à Ney, sa cavalerie, il décline aussi les propositions de la Prusse (16 avril). Il veut prouver à la face de tous sa neutralité et, de cette résolution, il a informé Napoléon lui-même.

Ceci n'est pas pour satisfaire son allié. La fable des os de Cadmus a renouvelé ses merveilles; le grand capitaine a frappé du pied la terre de France et près de 600,000 hommes ont été debout en quelques mois. Mais d'autres milliers de soldats doivent se joindre aux siens. Que fait donc le contingent saxon?.... Et l'armée de Poniatowski?.... Celle-ci, qui avait été séparée du 7e corps après le combat de Kalisch, restait dans les environs de Cracovie sous la protection apparente de l'Autriche, à la suite de l'armistice conclu entre cette puissance et la Russie. Les troupes polonaises ne semblent pas près de rejoindre nos aigles, car le perfide Metternich traîne en longueur les dé-

marches engagées à ce sujet avec Frédéric-Auguste. A ce dé-
boire va s'en ajouter un autre plus pénible encore au grand empereur. L'armée française manque de chevaux et la magnifique
cavalerie saxonne est le point de mire des ardents désirs de
Napoléon. Frédéric-Auguste l'a refusée aux généraux français;
à lui on la donnera. L'empereur n'est pas accoutumé à voir repousser ses demandes, et profonde est sa stupéfaction quand il
reçoit l'aide de camp de son allié, porteur d'une lettre déclina-
toire. A lui, Napoléon, Frédéric-Auguste ose notifier un refus
catégorique! Quoi! tout est-il changé à ce point?.... C'est là,
suivant le témoignage de l'impérial intéressé lui-même, le seul
grief sérieux dont il fasse reproche au roi de Saxe au cours de
cette année mémorable [1].

Enfin Metternich a lieu de triompher. Frédéric-Auguste s'est
décidé à accueillir les propositions de l'Autriche. Le 19 avril,
emmenant avec lui sa cavalerie, il informe Napoléon de sa
résolution de se rendre à Prague, appuie sur les considérations
qui doivent engager l'empereur lui-même à se prêter aux instances de l'Autriche pour ramener la paix. Il envoie en même
temps à son ministre à Vienne l'ordre de terminer par la signa-
ture les négociations entamées avec cette cour et quitte Ratisbonne le 20, pour se rendre par Linz à Prague, où l'empereur
François lui a offert un asile pour lui, sa famille et ses troupes.
La déclaration de Serra, que cette détermination l'oblige d'in-
terrompre ses fonctions, a aussi peu d'effet que les instances
renouvelées de Napoléon contenues dans une lettre que le général Flahaut remet au roi de Saxe à Linz [2].

Jusqu'ici, en dépit de la politique équivoque de la Saxe à cette
époque, rien ne nous choque particulièrement dans l'attitude de
Frédéric-Auguste. Même dans ce nouvel exode à Prague, il est
dans son rôle : persister dans une ligne de conduite qui paraît
seule pouvoir s'accorder avec ses sentiments et les intérêts de
son peuple. Tout prouve sa loyauté. Il n'a agi que par amour
de sa patrie; il n'a pas rompu avec son allié, n'a pas traité avec
les coalisés, mais a seulement accédé au système de neutralité

---

[1] « .... Le refus de sa cavalerie au printemps, voilà la seule peine que m'ait
causée votre roi ! » Napoléon à Gersdorsf, 27 août 1813. Notes Gersdorf. *Souvenirs inédits du chevalier de Cussy.*

[2] *Exposé de la marche politique du roi de Saxe.*

préconisé par l'Autriche. Dans cette manœuvre, il est victime de l'erreur du général de Walzdorf, trompé par un perfide collègue. La veille du départ de Ratisbonne, le 19 avril, Senfft de Pilsach a en effet écrit à Serra : « ....Le roi ne saurait se refuser à l'espoir de voir approuver par son auguste allié une marche qui a pour but un objet d'intérêt commun, celui de contenir, en levant, par la proximité du séjour de Sa Majesté, tous les doutes sur ses véritables intentions, l'essor dangereux que les esprits menacent de prendre en Saxe et d'empêcher ainsi la propagation de ce vertige qui serait si fort à craindre par ses suites dans le nord de l'Allemagne. Le roi désire et espère vous voir bientôt à Prague et voir justifier, par votre témoignage sur l'événement, la convenance de ses mesures et le succès de la marche qu'il croit devoir suivre [1]. » Quant à Walzdorf, il a signé à Vienne avec Metternich un concert portant en substance « que tous les moyens à la disposition du roi seraient employés, d'accord avec l'Autriche, pour l'appui de la médiation qu'elle avait offerte; que Sa Majesté consentirait à la cession du duché de Varsovie, si ce point devenait une condition indispensable de la paix et que, dans ce même cas, l'Autriche s'obligeait à faire obtenir au roi une indemnité convenable en territoire, d'après ce que permettraient les circonstances [2]. »

Sans doute, il est pénible de constater la désinvolture avec laquelle l'honnête Frédéric-Auguste sacrifie d'avance le pays sur lequel ses aïeux et lui ont régné. Mais il était écrit que la pauvre Pologne servirait d'enjeu à toutes les intrigues et à toutes les compromissions et qu'elle serait toujours la grande crucifiée des nations. Moins d'un an auparavant, lorsque le sénateur Wibiecky, chargé par la diète de Varsovie d'exprimer les vœux de ses concitoyens, a dit à Napoléon : « Sire, dites que la Pologne existe, et votre décret sera pour le monde l'équivalent de la réalité, » le conquérant, au lieu de répondre les trois mots attendus : « La Pologne existe, » s'est dérobé dans un long discours rempli de témoignages de sympathie et de vagues promesses, verbiage insignifiant dont la seule phrase catégorique est une déclaration déconcertante pour les patriotes

---

[1] Senfft de Pilsach à Serra, 19 avril 1813. *Archives de l'auteur.*
[2] *Exposé de la marche politique du roi de Saxe.*

polonais : « J'ai garanti à la cour de Vienne l'intégrité de ses domaines. » Comme on le voit, dans cet abandon éventuel de la Pologne, Frédéric-Auguste ne fait que suivre un illustre exemple.... Connaissant la réelle affection du roi de Saxe pour ses sujets polonais, le sacrifice de la cession du duché de Varsovie, porté à la cause de la paix, doit suffire à prouver le dévouement de Frédéric-Auguste pour ce but sacré et la pureté de ses intentions. Nous n'allons pas toutefois jusqu'à dire avec ce monarque : « Cette conduite était la seule assortie aux circonstances [1]. »

Arrivé à Prague le 27 avril, Frédéric-Auguste s'empresse d'expédier à Vienne le général Langenau pour concerter avec le ministre de l'empereur François les mesures militaires conformes au système commun qu'on va suivre, et il renouvelle en même temps au gouverneur de Torgau l'ordre donné à Ratisbonne de n'ouvrir cette place à aucune troupe étrangère, sans exception. Le 3 mai, il reçut une lettre du duc de Weimar l'avertissant du passage de Napoléon par cette capitale, ainsi que des dispositions marquées par l'Empereur à son égard. Le duc disait rendre les propres paroles du souverain français, conformément à la demande expresse de ce dernier. « Je veux que le roi de Saxe se déclare ; je saurai alors ce que j'aurai à faire ; mais, s'il est contre moi, il perdra tout ce qu'il a [2]. » Le baron de Serra était à Prague depuis le 6 mai. Sous prétexte d'être chargé d'une lettre de son maître, il obtint de Frédéric-Auguste une audience dans laquelle, lui exposant tout le danger de sa position vis-à-vis de la France, il lui réitéra la demande de l'Empereur de lui expédier sans délai tout ce qu'il avait de troupes avec lui. Ce que ce ministre avait dit au roi de Saxe dans la matinée, il le répéta dans une note remise l'après-midi, et il y joignit l'avis « qu'à moins d'une prompte accession à la demande de Napoléon, il se trouverait dans l'obligation de remettre une nouvelle note rédigée dans des termes plus péremptoires [3]. » Rien de tout cela n'influençait Frédéric-Auguste. Il attendait, en effet, depuis plusieurs jours, un envoyé autrichien qui devait lui fournir certaines explications complémentaires sur les mesures militaires prises par sa cour, ainsi que sur le

[1] *Exposé de la marche politique du roi de Saxe.*
[2] *Ibid.*
[3] *Ibid.*

résultat des négociations entamées entre le cabinet de Vienne et les puissances coalisées. On conçoit que le retard de l'agent de Metternich devait singulièrement embarrasser le roi de Saxe dans un moment aussi critique.

Ce ne fut que le 7 mai qu'on apprit à Prague le résultat de la bataille de Lutzen par le comte de Hohenthal, qui avait été auprès de Napoléon en députation de la ville de Leipzig, et envers lequel l'empereur s'était expliqué en des termes qui laissaient tout appréhender pour les Saxons et leur souverain. Le virulent discours de Napoléon était bientôt confirmé par un rapport officiel de la commission exécutive de Dresde. Ce gouvernement provisoire s'était présenté au vainqueur à son arrivée dans la capitale, et on sut que Napoléon s'était surtout montré irrité du refus du gouverneur de Torgau d'ouvrir la place aux troupes françaises, d'autant plus que le général saxon avait été jusqu'à parler, à cette occasion, d'une alliance intime avec la cour d'Autriche. S'il fallait encore d'autres preuves de la colère de l'empereur, voici qu'arrivaient à Prague le comte Georges d'Einsiedel et le colonel de Montesquiou, chargés d'annoncer à Frédéric-Auguste que Napoléon était à Dresde, et qu'il proposait au roi de Saxe l'alternative péremptoire : ou de retourner dans sa capitale, de remettre aux Français la place de Torgau avec toutes les troupes saxonnes, et de satisfaire à ses obligations comme membre de la Confédération du Rhin, ou de voir traiter ses États comme conquis par la France. On accordait à Frédéric-Auguste *deux heures seulement* pour une réponse catégorique [1].... Dans quels affres devait se débattre le pauvre roi de Saxe !.... La plus grande partie de son pays se trouvait à la merci du vainqueur et exposé à toutes les violences que pouvait lui suggérer son ressentiment. Les armées alliées ayant abandonné l'Elbe, il était à prévoir que Napoléon étendrait sous peu ses opérations sur tout le royaume. A peine restait-il une lueur d'espérance de pouvoir utiliser ses ressources pour la cause de la paix. D'ailleurs, Frédéric-Auguste ne pouvait alléguer envers Napoléon son arrangement avec la cour d'Autriche, sans le consentement de celle-ci ni sans la compromettre mal à propos, tandis qu'en cédant aux sommations du souverain français, il conservait ses

[1] *Exposé de la marche politique du roi de Saxe.*

États et ménageait au cabinet de Vienne le loisir et la spontanéité indispensable pour aboutir au but rêvé.... Enfin, le sort d'un peuple chéri dépendait peut-être pour longtemps de la décision de ce moment.. .

Le 9 mai, se produisait un nouveau et subit revirement de la politique de Frédéric-Auguste. Devant les notes comminatoires de Napoléon, il retournait à l'alliance française abandonnée le 19 avril. Étant donnée la haute idée qu'on avait de la droiture du caractère du roi de Saxe, ces évolutions successives à des dates aussi rapprochées sont faites pour déconcerter. Cependant, ne nous montrons pas plus sévères que les contemporains, acteurs ou spectateurs, et non des moindres, de ces événements. Alors que, dans son entourage, Metternich commentait aigrement la nouvelle détermination de Frédéric-Auguste, il entendait le prince de Ligne s'écrier hautement « que tout autre, à la place du roi de Saxe, n'eût pu faire autrement [1]. » Le conseiller d'État saxon Augustus Wendt, dans le rapport qu'il présenta au congrès de Vienne, pour plaider près des souverains coalisés la cause de son maître, s'exprima ainsi sur le retour inattendu de Frédéric-Auguste à l'alliance napoléonienne : « Tout homme impartial qui se rappelle les sensations douloureuses que le résultat de la bataille de Goerschen [2] fit naître parmi les esprits les plus courageux et les plus dévoués à la grande cause de la coalition, jugera avec indulgence le parti que prit le roi de se rendre à Dresde, après avoir informé de sa résolution l'empereur d'Autriche, le seul monarque avec lequel le roi eût un engagement. Il n'appartient qu'aux grandes puissances de persévérer, dans des circonstances pareilles, dans leurs conceptions et de tenir ferme aux principes qu'elles ont embrassés, fût-ce même dans la perspective de sacrifices certains et pénibles, puisqu'elles conservent, avec ce qui leur reste de pouvoir, l'espoir consolant de réparer leurs pertes dans des conjonctures plus favorables. Pour un État comme la Saxe, la question se réduisait, dans les circonstances d'alors, à la triste alternative de la conservation ou de la perte de son existence politique [3]. » Quant au personnage qui, sans contredit, devait être le plus sensible à ces ava-

---

[1] *Souvenirs inédits du chevalier de Cussy.*
[2] Nom donné par les Allemands à la bataille de Lutzen.
[3] *Exposé de la marche politique du roi de Saxe.*

tars, Napoléon lui-même, s'il en voulait aux Saxons, et notamment aux habitants de Dresde, en raison de leurs bruyantes et cyniques manifestations gallophobes au cours de la présente campagne, il ne tint pas rigueur à Frédéric-Auguste. Lorsque le souverain français, couvert de ses lauriers de Lutzen, est rentré à Dresde le 8 mai, il a déjà oublié sa colère contre celui qu'il nomme toujours un allié fidèle. Le conquérant qui a lancé le violent ultimatum du 7 mai est-il bien le même que celui qui, le lendemain, pardonne aux Dresdois en leur disant : « Bénissez votre roi, il est votre sauveur [1]. »

Napoléon, si exigeant d'habitude et si entier dans ses jugements, réfléchissait-il aux vicissitudes humaines? Averti par les désastres de Russie, pressentant peut-être de nouvelles catastrophes, ouvrait-il son cœur à la pensée consolante de se ménager pour l'avenir un défenseur, si faible fût-il?.... Des défenseurs?.... Certes, Napoléon n'avait qu'à prendre au hasard parmi tous ceux qu'il avait, semble-t-il, attachés à sa cause par les liens de la reconnaissance. Mais la reconnaissance était-elle de ce monde?.... Parfois le soldat couronné devait amèrement songer à Bernadotte, l'ancien sergent qui, de maréchal d'empire devenu prince royal de Suède, se révélait son plus mortel ennemi. Sans doute, pensait-il plus tristement encore à quelqu'un qui le touchait de plus près, à Murat, qui, comblé d'honneurs, avait lâchement abandonné les aigles françaises en péril, pour sauver sa royauté au milieu du grand naufrage redouté [2]!.... Ces avant-goûts des défaillances et des pires trahisons ne sont-ils pas suffisants pour faire comprendre combien le conquérant, enfin désabusé, se considérait sincèrement heureux de se retrouver aux côtés de Frédéric-Auguste, ce prince qu'il avait depuis longtemps appris à estimer, et auquel il lui était agréable de témoigner hautement son amitié?.... S'il est, en effet, une chose digne de remarque, c'est de constater qu'en dehors des

[1] *Histoire de Napoléon.* T. V. Maurin.

[2] Le 5 décembre 1812, à Smorgoni, Napoléon avait laissé le commandement de l'armée à Murat. Mais celui-ci avait honteusement quitté nos aigles pour regagner son royaume de Naples. C'est à ce propos que l'empereur écrivit à la reine Caroline : « Votre mari est un fort brave homme sur le champ de bataille, mais il est plus faible qu'une femme ou qu'un moine quand il ne voit pas l'ennemi. Il n'a aucun courage moral. » On ne pouvait apprécier plus justement Murat.

appréciations inconsidérées de sa fameuse lettre du 7 mai, Napoléon, soit dans le cours de sa carrière d'empereur, soit dans le triste isolement de Sainte-Hélène, n'a jamais porté sur Frédéric-Auguste que les jugements les plus laudatifs.

Rentré à Dresde le 12 mai, le paisible roi de Saxe ne comptait plus ses exodes. De cette crise, la plus aiguë de son règne, il sortait sans être diminué dans l'amour de ses sujets si éminemment loyalistes. Au reste, en ces graves circonstances, qu'avait-il fait, sinon « céder à la force dans un temps où la condescendance envers la puissance prépondérante était devenue une maxime à peu près générale [1] ? » Et cependant, en dépit de la mansuétude témoignée par Napoléon, et malgré cette « raison du plus fort » et les louches dessous de la politique dans lesquels avait été entraîné l'honnête Frédéric-Auguste, il sera, selon nous, au regard d'un Français, toujours pénible pour la mémoire du premier roi de Saxe de rapprocher ses attitudes si différentes à ces deux dates du 19 avril et du 9 mai 1813.

XII.

Le retour de la Saxe à l'alliance française avait eu, entre autres conséquences, celle de déterminer la retraite de Senfft de Pilsach qui, après avoir été un des plus ardents champions du système de Napoléon, en était devenu, sous la pression de l'opinion saxonne, l'ennemi déclaré. Il était remplacé par le comte Detlev d'Einsiedel.

La victoire de Bautzen (20 mai) n'avait pu reconquérir le cœur des soldats saxons définitivement acquis à la grande cause germanique. Servie par les dures nécessités de la guerre et les maladroites rigueurs des généraux de Napoléon, la propagande du Tugendbund et les agissements de Stein avaient aujourd'hui accompli leur œuvre. De nombreuses et inquiétantes démissions d'officiers se produisaient. On voyait deux des chefs les plus en vue, les généraux Thielman et Langenau, sortir avec éclat des rangs saxons pour aller servir, le premier en Prusse, le second sous les drapeaux du tzar.

L'armée que Frédéric-Auguste allait maintenir difficilement

[1] Exposé de la marche politique du roi de Saxe.

sous les aigles françaises pendant quelques mois encore nous donnait, à la date du 25 mai, un appoint réel de 13,000 hommes, défalcation faite des non-valeurs [1].

Il ne nous appartient pas d'examiner en cette étude certains événements, tels que l'armistice de Pleswitz et le congrès de Prague, événements auxquels Frédéric-Auguste ne prit aucune part. Franchissons l'espace de trois mois, et nous retrouverons à Dresde Napoléon et le roi de Saxe, ayant devant eux 700,000 hommes auxquels ils n'ont à opposer que la moitié, mais compensant, il est vrai, l'infériorité numérique de leurs troupes par leur position avantageuse, tenant l'échiquier stratégique compris entre l'Elbe et l'Oder. A cette place même, nous avons donné, d'après le journal du lieutenant général de Gersdorf, quelques aperçus particuliers sur la bataille de Dresde [2]. Nous ne nous y arrêterons donc qu'en passant, dans le seul but de renseigner le lecteur sur l'état d'âme des officiers saxons à cette époque.

[1] Extrait de l'effectif des troupes saxonnes à la date du 25 mai 1813, signé par le lieutenant général de Gersdorf, chef de l'état-major général de l'armée saxonne. *Archives particulières de l'auteur.*

A. Troupes faisant partie du 7ᵉ corps de la Grande Armée et du corps de cavalerie du général Latour-Maubourg	État-major .	8	
	Génie . . .	96	
	Artillerie. .	651	8,611
	Infanterie .	5,425	
	Cavalerie. .	2,431	
B. Troupes en garnison à Torgau et à Eilenbourg (y compris 1,300 malades). . . .	État-major .	6	
	Génie . . .	91	
	Artillerie. .	772	4,958
	Infanterie .	4,089	
C. Troupes en garnison à Dresde	Artillerie. .	11	
	Infanterie .	775	886
	Cavalerie. .	100	
D. Troupes détachées à Schmiedefeld . . .	Artillerie. .	32	57
	Cavalerie. .	25	
E. Dépôts de cavalerie.			185
F. Troupes sous les ordres du général de Gablenz (y compris les malades qui sont en arrière).	État-major .	4	
	Artillerie. .	151	
	Infanterie .	476	1,157
	Cavalerie. .	314	
	Ambulances.	182	
G. En garnison à Glogau et Danzig	Artillerie. .	280	280
Total général			16,437

[2] *La bataille de Dresde. Revue des questions historiques,* numéro d'octobre 1901.

A la date du 26 août, Gersdorf écrit : « ....Le roi de Naples [1] loua mon zèle ; mais avec quel sentiment pénible ne remplissais-je pas en cette circonstance ce que je regardais comme mon devoir?.... Là, en face, étaient mes amis, mes camarades, qui se sont séparés de moi. Ici, combien me considèrent comme un mercenaire et me maudissent ! Sois ferme, reste conséquent ; cela seul peut te conduire au but : voilà ma doctrine.... O mon bon roi ! jamais tu ne pourras me récompenser pour ces heures de pénibles réflexions ! Ce que je fais n'est rien ; c'est mon devoir ; mais ce que je souffre, ce que je dois supporter [2] » Pauvre Gersdorf ! combien l'on comprend ses lamentations !.... Le zélé chef d'état-major de l'armée saxonne sera, hâtons-nous de le dire, fidèle jusqu'au bout à Napoléon ; mais comme il doit lui être pénible de sentir cette armée ronger son frein à nos côtés, et comme on s'explique ses perplexités croissantes, son embarras, son malaise, à certaines questions posées coup sur coup par l'empereur des Français ! « Il y a, lui dit Napoléon, deux généraux saxons dans les rangs ennemis : Thielman et Langenau. Que pensez-vous d'eux?.... Peuvent-ils être utiles à l'ennemi?.... Croyez-vous qu'ils se montrent très actifs?.... Ce serait mal de leur part, car ils combattent en ce moment contre leur patrie. » Et Gersdorf de répondre loyalement : « Leur sort et leurs convictions les ayant placés dans les rangs ennemis, ils rempliront leurs devoirs actuels aussi bien qu'ils les eussent remplis s'ils fussent restés ici [3]. » Le lendemain 27, Gersdorf note « qu'un officier d'ordonnance de l'Empereur vint annoncer au roi (de Saxe) que l'aile gauche de l'ennemi était culbutée et que *les cuirassiers saxons s'étaient couverts de gloire* [4]. » Juste éloge ou simple flatterie, Gersdorf peut écrire ceci avec orgueil, car c'est la dernière fois que les troupes de Frédéric-Auguste mériteront dans les rangs français une pareille mention.

Après la bataille de Dresde, quelqu'un complimentait Napoléon sur un si grand succès. « Ce n'est rien, observa-t-il, Vandamme est sur les derrières de l'ennemi. C'est là que vont être les

[1] Revenu à des idées plus saines, Murat était enfin accouru d'Italie pour mettre son épée au service des aigles françaises.

[2] *La bataille de Dresde. Revue des questions historiques*, numéro d'octobre 1901.

[3] *Ibid.*

[4] *Ibid.*

grands résultats [1]. » Hélas! l'étoile pâlissait. Vandamme qui, selon l'expression de l'Empereur, devait « ramasser l'épée du vaincu, » allait être battu, et aussi les autres lieutenants de Napoléon. Chaque jour serait marqué pour nos armes par quelque fatalité.

La magnifique victoire de Dresde devait, en effet, rester stérile. Dès ce moment, Napoléon ne comptera plus que des échecs, des désastres souvent. Partout où il ne sera pas, ses lieutenants deviendront mous, gauches et maladroits. « Ils avaient été gorgés de trop de considération, de trop d'honneurs, de trop de richesses ; ils avaient bu à la coupe des jouissances, et désormais ils ne demandaient que du repos [2]. » La Katzbach, Kulm, Gross-Beeren, Dennevitz, sont des défaites irréparables. Le prestige des Français est détruit, leur moral attaqué; la valeur numérique reprend ses droits et tout s'achemine vers une catastrophe. Liées entre elles désormais, les masses ennemies gagnent constamment du terrain et forment un demi-cercle qui se resserre sans cesse autour des Français acculés sur l'Elbe. Le fatal armistice de Pleswitz portait ses fruits. Les Russes avaient reçu l'armée attendue, les Prussiens s'étaient doublés, les subsides anglais étaient arrivés et l'armée suédoise avait rejoint.

Nos aigles se mouvaient dans une atmosphère de trahison. Secouée déjà par le vent des défections, la Confédération du Rhin allait perdre ses principaux et derniers soutiens. La Westphalie, qui, du reste, n'avait jamais marché avec nous qu'à contre-cœur, venait de s'insurger et de chasser l'incapable Jérôme. Le Wurtemberg et la Bavière devaient suivre le mouvement, puis enfin ce serait la Saxe elle-même. Les 26 et 27 août, à la bataille de Dresde, le contingent de Frédéric-Auguste avait pu voir en face de lui bien des transfuges de la cause française. C'étaient les Saxons Thielman et Langenau, le Suisse Jomini, notre compatriote Moreau. N'ayant plus pour les retenir de cœur sous nos drapeaux le prestige de la victoire, les soldats de Frédéric-Auguste frémissaient, guettant l'occasion de passer à l'ennemi. A Dennevitz, le 4 septembre, prudemment encadrés dans les troupes de Ney, les Saxons ne peuvent répondre comme

---

[1] Notes sur Napoléon par M. de Montvéran.
[2] *Mémorial de Sainte-Hélène.* T. VI.

ils voudraient aux pressantes objurgations de Thielman, mais ils se débandent et donnent la victoire à Bernadotte [1].

Napoléon passe tout le mois de septembre en marches et contremarches continuelles, évoluant autour de Dresde dans un cercle fatal, s'épuisant en combats multipliés où les avantages sont sans résultats, où les échecs sont définitifs, tandis que, victorieuse ou battue, la grande armée de la coalition se renforce chaque jour en bataillons et en matériel. L'Empereur conçoit alors un projet digne de son génie. Laissant une forte garnison à Dresde et trois corps pour garder la route de Leipzig, il marchera sur Berlin, balaiera la Silésie et portera la conquête, la dévastation et la ruine dans les capitales des rois coalisés, qui déjà se croient maîtres de nos positions [2]. Mais la trahison subite de la Bavière vient ruiner les espérances impériales. Alors Napoléon, changeant de nouveau sa tactique, fait résolument face à la France, passe l'Elbe et s'avance contre les alliés, comptant arriver assez tôt à Leipzig pour percer la ligne ennemie et franchir l'Elster. Le 18 octobre, il est à Leipzig, ne disposant que de 140,000 hommes contre 360,000. Il ne s'agit plus aujourd'hui d'entrer dans une des grandes capitales de l'Europe après la bataille; une retraite honorable, voilà tout le bénéfice qu'il pourra retirer d'une victoire inespérée !

La journée du 16 s'est terminée d'une manière brillante pour nos armes. Ce n'est que le 18 que recommence cette lutte gigantesque. Pour contre-balancer le nouvel appoint apporté aux coalisés par l'armée suédoise, Napoléon n'a à compter que sur les divisions saxonnes de Reynier, postées à Reudnitz. Or, la veille même, la majorité des officiers de Frédéric-Auguste a discuté sur l'arrivée de Bernadotte, « cette victime de Napoléon [3], » et proposé d'enthousiasme de se réunir à leur ancien chef de Wagram. Une dernière pudeur les retient encore [4].... Mais le prince royal de Suède a franchi le Partha et s'avance contre Reynier. C'est le moment si longtemps attendu par le contingent saxon. Triste moment ! car il marque la trahison la plus infâme que l'histoire ait à enregistrer. Dix mille Saxons, emmenant qua-

---

[1] Un bataillon saxon, avec le major de Bunau, passe à l'ennemi.
[2] *Histoire de Napoléon*, T. V. Maurin.
[3] Notes du général de Gablenz. *Souvenirs inédits du chevalier de Cussy*. Notes du comte Holzendorf.

rante canons, quittent nos rangs, joignent les Suédois, et, se
retournant, tirent sur les soldats aux côtés desquels ils mar-
chaient tout à l'heure, et les foudroient de leur artillerie. C'est
ainsi que les troupes saxonnes se séparaient de compagnons
d'armes de sept années !....

Les historiens allemands auront beau essayer de justifier l'a-
bandon des Saxons par des considérations de nationalité et de
patriotisme, ergoter sur les sentiments poussant irrésistible-
ment les soldats de Frédéric-Auguste dans les bras de leurs
frères germains ; ils ne pourront effacer la honte que cette défection emprunte à sa forme particulièrement odieuse. Oui,
quoi qu'ils fassent, ce sera toujours un dur souvenir pour le
premier âge du patriotisme d'outre-Rhin, que la traîtrise évo-
quée par la bataille des nations. Car l'acte des Saxons fut bel et
bien contraire à l'honneur militaire et mérite rigoureusement le
nom de *félonie*. Nous en prendrons pour preuves, non les asser-
tions indignées des Français, non les appréciations sévères
d'écrivains d'une nationalité neutre, mais seulement les témoignages des contemporains *saxons* eux-mêmes.

A tout seigneur, tout honneur. Voici comment le conseiller
d'État Augustus Wendt s'exprime quelques mois après, au sujet
de cet événement : « Le 18 octobre, pendant la bataille, un officier vint rapporter au roi que la plus grande partie de la cavalerie saxonne, attachée au corps du général Reynier, avait passé
à l'ennemi, et que l'infanterie paraissait résolue à suivre cet
exemple, si elle ne recevait pas l'ordre de se séparer des Français. Le roi répondit par un ordre écrit : *Que ses troupes ne
pouvaient mieux prouver leur attachement à sa personne qu'en
remplissant strictement leur devoir, et que, du reste, il plaçait
une confiance entière dans leur fidélité.* Rien n'aurait pu engager
le roi à dissoudre autrement que d'une manière franche et ouverte les liens politiques qui l'attachaient encore à Napoléon. Le
roi apprit peu d'heures après, par le général de Zeschau, que
ses régiments d'infanterie avec toute l'artillerie avaient passé
dans les rangs des alliés, à l'exception près de sept cents
hommes, que leur chef avait réussi à ramener à Leipzig, où ils
furent réunis aux grenadiers de la garde du roi [1]. » Au reste,

---

[1] *Exposé de la marche politique du roi de Saxe.*

nous avions une trop haute idée de la loyauté de Frédéric-Auguste pour supposer qu'en quelques années ses sentiments sur l'honneur militaire eussent radicalement changé.... Et, ne nous rappelons-nous point qu'après le traité de Posen, *son âme répugnait au spectacle de ses propres troupes se tournant contre ses alliés de la veille ?....* Or, le 18 octobre, à Reudnitz, les Saxons ont accompli un acte autrement monstrueux....

Du monarque saxon, passons à ses officiers généraux. Il est notoire que, le 17 octobre, le lieutenant général de Zeschau s'était élevé avec force contre la proposition de défection, en la qualifiant d' « attentatoire à l'honneur militaire [1]. » Comment dut-il donc juger ses troupes le lendemain, lorsqu'il les vit, en pleine bataille, faire volte-face dans nos propres rangs et mitrailler cyniquement les soldats de Durutte?.... Quant au lieutenant général de Gers-dorf, dont nous empruntons fréquemment le témoignage au cours de ces pages, c'est toujours avec une véritable douleur qu'il parlera de la défection saxonne [2]. Voici maintenant une lettre écrite en 1822. Le lieutenant général de Gablenz y rappelle avec éloge, au comte de la Ferronnays, la conduite de l'escadron saxon qui refusa de participer à la célèbre traîtrise. Le général de Frédéric-Auguste proclame cette troupe *fidèle à son devoir militaire* et réclame pour les officiers qui existent encore la croix d'honneur [3].

[1] Notes du comte Holzendorf. *Souvenirs inédits du chevalier de Cussy.*

[2] « .... Combien de fois ai-je entendu le lieutenant général de Gersdorf déplorer, pour l'honneur de la Saxe et les conséquences de toute nature qui en sont résultées, la défection de l'armée saxonne sur le champ de bataille de Leipzig ! » *Souvenirs inédits du chevalier de Cussy.*

[3] « .... Après la bataille de Leipzig, un escadron de la garde cuirassière saxonne suivait l'empereur Napoléon jusqu'à Altrandstadt en Thuringe, et fut attaché dès la fin de la bataille à la personne de ce monarque, faisant partie de son escorte. L'empereur étant arrivé à Altrandstadt, et ne voulant pas séparer *cette troupe fidèle à son devoir militaire* de ses camarades qui furent déjà dans le pouvoir de l'ennemi, ne tarda pas à la congédier et à parler aux officiers dans les termes les plus flatteurs. Il demanda lui-même leurs noms et ordonna de les noter. De ces officiers existent encore trois, savoir : le capitaine Eckardt, le lieutenant Pilz et le lieutenant comte Holzendorf.... Comme Sa Majesté le roi ne s'empêche pas de reconnaître tous les services rendus à la France, je crois bien pouvoir nommer ces officiers qui, jusqu'au dernier moment, *remplissaient les devoirs de l'alliance militaire* qui, pendant sept années de campagne, avaient attaché la Saxe au destin de la France ; et j'ose proposer que Sa Majesté daignât accorder au capitaine Eckardt et au lieutenant comte Holzendorf la croix de chevalier, et au lieutenant Pilz, en ce temps-là déjà membre de la Légion d'honneur, la croix d'officier.... »

Lieutenant général de Gablenz au comte de la Ferronnays, 25 mars 1822. *Archives particulières de l'auteur.*

Si l'on réfléchit que cet écrit d'un général saxon, bien en cour et jouissant de l'estime de ses compatriotes, est une lettre officielle rédigée neuf ans après la défection de Leipzig, du vivant de Frédéric-Auguste, et adressée à un ministre de Louis XVIII, un Bourbon, parent du roi de Saxe et vieil ennemi de l' « usurpateur » ; si l'on veut considérer qu'à un certain point de vue, le roi de France doit sembler disposé à atténuer la vilenie d'un acte qui peut avoir hâté son avènement au trône, on est amené à conclure — n'en déplaise aux Allemands — que la félonie des Saxons sur le champ de bataille de Leipzig a été frappée d'une réprobation unanime par les hommes de cette époque.

Dans la nuit du 18 au 19, Napoléon fit prévenir le roi de Saxe, par le duc de Bassano, qu'il avait pris la résolution de se retirer sur Erfurt, et il lui fit demander en même temps s'il préférait suivre son quartier général ou rester à Leipzig. Frédéric-Auguste déclara sans hésiter qu'il optait pour ce dernier parti et qu'il se remettrait à la générosité des coalisés [1]. Le matin, à la première heure, Napoléon venait en personne prendre congé du roi de Saxe. Douloureuse entrevue s'il en fut !.... Le conquérant, maintenant abandonné par la fortune, allait-il exhaler des plaintes inutiles et reprocher amèrement à Frédéric-Auguste la honteuse conduite de ses troupes, l'une des causes de la catastrophe ?.... Mais le malheur avait adouci ce cœur jusqu'ici fermé à la compassion. Sur le bord de l'abîme où il se sentait glisser, Napoléon avait, en effet, pitié du faible prince qu'il venait d'entraîner à sa perte, et, loin d'articuler quelque grief, il lui proposait de l'emmener avec lui, pour le soustraire à la colère possible de l'ennemi. Frédéric-Auguste maintint le refus qu'il avait déjà exprimé au duc de Bassano. Sa place en ce moment était, pensait-il, en Saxe et non en France [2]. Pourquoi, au reste, prolonger un entretien pénible ?.... Napoléon et celui qu'il avait fait roi n'avaient plus rien à se dire. Et ces alliés de sept années se séparèrent pour ne plus se revoir.... Une heure ne s'était pas écoulée, qu'une formidable explosion retentissait. C'était le

[1] *Exposé de la marche politique du roi de Saxe.*

[2] Certains historiens avancent qu'au contraire, dans la matinée du 19 octobre, Frédéric-Auguste avait l'intention de suivre le quartier général de Napoléon, et que ce dernier, ne voulant pas y consentir, fut obligé, pour faire renoncer à son généreux projet le roi de Saxe, de le délier de ses engagements. Nous n'avons trouvé nulle part la preuve de cette allégation.

grand pont de Lindenau qui sautait prématurément, coupant la retraite à 15,000 Français et consommant la catastrophe de Leipzig. Peu après, les flots de l'Elster charriaient le cadavre de Poniatowski. Le fier descendant des rois de Pologne terminait en paladin une vie qui n'avait été qu'une longue épopée. En se refermant sur lui, le fleuve allemand devenait aussi le tombeau des espérances d'une nation sacrifiée.

Isolé désormais, Frédéric-Auguste dut alors être en proie à de cruelles angoisses. De quelque côté qu'il envisageât les événements, sa position était affreuse. Comme dernier allié du vaincu, qui, durant dix ans, avait fait trembler la vieille Europe, le monarque saxon se savait désigné à la vindicte des coalisés, et il ne devait avoir qu'un bien faible espoir en leur magnanimité. Implorerait-il les triomphateurs?... La défection de la veille ne plaiderait-elle pas en sa faveur?... Mais l'âme loyale du malheureux roi ne pouvait s'arrêter longtemps à la pensée du bénéfice qu'il pourrait retirer de cette flétrissure, et s'il songeait à la trahison, ce n'était que pour la réprouver. Hélas! il allait boire jusqu'à la lie le calice d'amertume... Entré dans Leipzig à la tête des premières colonnes, Bernadotte, l'ancien maréchal d'empire, aujourd'hui prince royal de Suède et traître à sa patrie, se présentait bientôt devant Frédéric-Auguste pour l'assurer de ses sentiments d'amitié. Pendant une conversation que l'on peut supposer pénible, retentissaient les cris d'allégresse des habitants annonçant l'arrivée des souverains de Prusse et de Russie. Bernadotte se levait aussitôt pour aller saluer les monarques alliés, et le pauvre roi de Saxe de descendre à la suite de l'ex-jacobin!....

Cependant, Frédéric-Auguste ne devait point encore se trouver face à face avec les souverains vainqueurs. Ceux-ci n'avaient fait que traverser la ville sans s'arrêter. Il envoya sans délai ses aides de camp chez les monarques pour leur demander une entrevue. De Frédéric-Guillaume, il ne reçut aucune réponse. Quant à l'empereur de Russie, il lui fit tenir « qu'il aurait de ses nouvelles, » et, ces quelques mots inquiétants furent expliqués l'après-midi par une visite du conseiller privé d'Alexandre, le baron d'Anstett. Ce dernier annonçait à Frédéric-Auguste, de la part du tzar, « que son maître déclarait le roi de Saxe son prisonnier et qu'une entrevue ne pouvait être que désagréable pour les deux parties. » Le 21 au soir, le tzar invita Frédéric-Auguste à quitter Leipzig et à se rendre avec sa famille dans les États du roi de Prusse, où l'un des aides de camp impériaux et le baron d'Anstett l'accompagneraient [1]. S'il eût eu jusqu'alors quelque illusion sur la générosité des coalisés, le malheureux Frédéric-Auguste devait maintenant être fixé. Il serait la victime expiatoire.

Obligé de se mettre en route le 23 octobre, le dernier allié de Napoléon arrivait en prisonnier à Berlin le 26, sous la garde du baron d'Anstett.

XIII.

Il faut se montrer, à bon droit, sévère pour la dure conduite tenue par les coalisés envers le roi de Saxe en détresse. Ces souverains victorieux qui abusent de la faiblesse de Frédéric-Auguste, pour le charger de tous les péchés d'Israël et le décla-rer « traître à la patrie allemande, » n'ont-ils, en effet, rien à se reprocher ?.... Qu'on les prenne un à un! Ne les a-t-on pas tous vus, à différentes époques, s'allier à Napoléon, alors que la condescendance — pour ne pas dire la servilité — envers l'empire français, puissance triomphante, était devenue chose usuelle?.... Érigés aujourd'hui en justiciers, ils ne sont pas sincères. Ce qu'ils imputent à Frédéric-Auguste, ce crime qu'ils lui feront payer cher, c'est précisément d'avoir suivi une politique moins instable et plus loyale que la leur. Il faut un responsable. Le souverain de ce pays qu'ils envahissent, roi créé par Napoléon, dernier allié de la France si longtemps invincible, n'est-il pas tout désigné?....

Cependant, tout en s'apitoyant sur le triste sort de Frédéric-Auguste au lendemain de Leipzig, on s'étonne de certaines démarches du royal prisonnier. A défaut du brillant courage du champ de bataille, le paisible monarque avait maintes fois prouvé son courage moral. Pourquoi donc, au départ de Berlin de son gendarme d'occasion, le baron d'Anstett, lui remet-il, pour les souverains alliés, une note implorant la faveur d'entrer dans la coalition?.... Et, deux mois après, est-il vraiment de sa

---

[1] Toutes ces démarches sont relatées dans l'*Exposé de la marche politique du roi de Saxe.*

dignité de demander à l'empereur de Russie la permission pour
le prince Frédéric, son neveu, de faire campagne contre la
France?.... Mais, où l'étonnement devient de la stupéfaction,
c'est quand on le voit, quelques semaines plus tard, offrir au
tzar de remettre aux coalisés la forteresse de Kœnigstein, puis
le supplier de faire parvenir au ministre de Saxe à Paris l'ordre
de suspendre ses fonctions !.... Et enfin, lorsque la nouvelle de
la prise de Paris arrive à Berlin, Frédéric-Auguste a la navrante
inconscience de féliciter par écrit les monarques alliés !.... On ne
pourrait croire à des actes pareils, s'ils n'étaient relatés dans
des documents irréfutables [1]. Pour qualifier de telles défaillances, il vient à l'esprit un mot qui n'a rien de commun avec
fierté. Alors que son pays envahi est sous la férule d'un gouvernement provisoire étranger, et que, selon l'expression même
du confident de Frédéric-Auguste, « ce gouvernement se livre à
des mesures inconvenantes et attentatoires à sa dignité [2], »
n'eût-il pas été plus décent de s'abstenir de démarches aussi
humiliantes?

Au reste, ce qui caractérise Frédéric-Auguste dans la deuxième
moitié de son règne, c'est une contradiction déconcertante entre
ses sentiments et ses actes. Personnellement, il est d'une droiture incontestable, et sa politique se manifeste souvent par de
louches manœuvres. Sans doute, il est beau pour un monarque
de ne connaître d'autre désir que le bonheur de ses sujets, mais
il ne faut cependant pas, dans ce but louable, abdiquer toute
dignité. Les étranges démarches auxquelles nous venons de
voir le premier roi de Saxe se livrer abaissent singulièrement
son caractère. Et combien plus lourde encore pour sa mémoire
sera son attitude à la fin de son long règne, lorsque, sur la simple injonction de la Prusse, il fera procéder à l'inconcevable extradition du Français Victor Cousin, puis que, deux années
après, pour plaire cette fois au tzar, on le verra expulser brutalo-
lement de ses États le héros polonais Kniasewicz !.... Frédéric-
Auguste voulait sans doute se faire pardonner par ses puissants
voisins ses anciennes relations avec la France et la Pologne.
L'épopée napoléonienne, le duché de Varsovie, le culte pour le

[1] *Exposé de la marche politique du roi de Saxe.*
[2] *Ibid.*

conquérant, son bienfaiteur, tout cela était loin !.... En regard des cinquante-huit ans que comptait alors son règne, qu'avait duré l'alliance franco-saxonne ? Sept années à peine.... Oui, sept années seulement, mais quelles années !.... Quand Frédéric-Auguste s'interrogeait, il devait trouver qu'en ces sept années il avait vécu plus que pendant toutes les autres.

Malgré tout, l'impartiale histoire n'a pas trop tenu rigueur au monarque saxon de ses défaillances. Peut-elle être pour lui beaucoup plus sévère que Napoléon ? Et celui-ci, au temps de sa puissance, aussi bien que dans son triste exil, n'a-t-il pas toujours désigné Frédéric-Auguste comme le plus fidèle des alliés, et comme un prince loyal et digne de tous les respects ?.... En résumé, devant Napoléon, le premier roi de Saxe a bénéficié de la comparaison avec les autres alliés du conquérant. Celui-ci, si peu accessible cependant aux considérations sentimentales, resta toujours frappé de la pureté des intentions du souverain saxon et il était profondément touché de l'affection et de la confiance témoignées par cet admirateur de son génie. Quand son étoile pâlissait, Napoléon avait vu autour de lui tant de lâchetés et de trahisons, qu'il pouvait bien oublier les faiblesses d'un roi de Saxe livré à ses propres moyens.

Quant aux sujets de Frédéric-Auguste, en dépit des événements, ils avaient constamment prouvé leur attachement à leur prince, et l'époque troublée de l'alliance franco-saxonne ne pouvait faire oublier à ce peuple industrieux et commerçant les longues périodes de prospérité du règne de Frédéric-Auguste.

La mode est aux centenaires. Quand, le 11 décembre 1906, les Saxons célébreront celui de l'érection de l'ancien électorat en royaume, on les entendra pousser d'enthousiasme les *hoch !* traditionnels à l'adresse de l'empereur allemand, le prestigieux souverain de cette Prusse qui naguère fit tant souffrir leur pays. Et qui, parmi eux, osera rappeler que le royaume de Saxe fut édifié par des mains françaises, et que, si ce royaume subsista après le congrès de Vienne, c'est encore à l'intervention d'un souverain français qu'il le doit ?

PRINCIPAUX OUVRAGES ET DOCUMENTS CONSULTÉS

Souvenirs inédits du chevalier de Cussy (Archives de l'auteur).
Exposé de la marche politique du roi de Saxe (Archives de l'auteur).
Souvenirs intimes du baron de Bourgoing.
Mémorial de Sainte-Hélène.
Notes attribuées à des fonctionnaires saxons sur le séjour de la cour impériale à Dresde, 1812 (Bibliothèque nationale).
Souvenirs (Pamientnicki) du comte Dunin Wonsowicz.
Lettres de Bassano à Serra (Archives de l'auteur).
Lettres de Gablenz au comte de la Ferronnays (Archives de l'auteur).
Lettres de Senfft de Pilsach à Serra (Archives de l'auteur).
Un allié de Napoléon, par Bonnefons.
Histoire de Napoléon, par Maurin.

BESANÇON. — IMPRIMERIE JACQUIN.

Documents manquants (pages, cahiers...)
NF Z 43-120-13